Markus Scholz

Ein Klassenaquarium einrichten

Praxisanleitung
für ein fächerübergreifendes Projekt

BRIGG Pädagogik

Die in diesem Buch vorgestellten Ratschläge und Erfahrungen wurden sorgfältig vom Autor geprüft. Dennoch wird seitens des Verlages und des Autors keine Garantie für Personen-, Sach- und Vermögensschäden übernommen.

Gedruckt auf umweltbewusst gefertigtem, chlorfrei gebleichtem
und alterungsbeständigem Papier.

1. Auflage 2010
Nach den seit 2006 amtlich gültigen Regelungen der deutschen Rechtschreibung

Fotos und Grafiken: Markus Scholz

ISBN 978-3-87101-**459**-8 www.brigg-paedagogik.de

Inhalt

Vorwort

Eines Tages kamen meine Schüler* mit dem Wunsch auf mich zu, ein Klassenhaustier anzuschaffen. Zunächst überlegten wir gemeinsam, welches Tier hierfür infrage kommen könnte. Nach ausführlichen Recherchen und Diskussionen entschieden wir uns für ein Klassenaquarium. Auch für mich war das eine neue und spannende Erfahrung!
Als ich mich intensiv in die Thematik eingelesen hatte, erkannte ich, dass mithilfe des Klassenaquariums viele Lern- und Erziehungsziele motivierend, praxisnah, handlungsorientiert und fächerübergreifend erarbeitet werden können. Weiterhin trägt es zu einem positiven Raumklima bei.

Mit diesem Buch möchte ich Ihnen zeigen, wie Sie mit Ihrer Klasse ein Aquarium in den Schulalltag integrieren können. Eine Zusammenstellung der wichtigsten Aquaristik-Grundlagen sowie zahlreiche Praxis-Tipps helfen Ihnen bei der Vorbereitung, Einrichtung und Pflege Ihres Klassenaquariums.

Längere Abschnitte enden mit einer Zusammenfassung, die Ihnen einen schnellen Überblick ermöglichen soll. Am Ende des Buches finden Sie Protokollbögen für die Pflegearbeiten am Klassenaquarium in Form von Kopiervorlagen sowie Literaturtipps für Einsteiger und Fortgeschrittene.

Viel Freude an Ihrem eigenen Klassenaquarium wünscht Ihnen

Markus Scholz

---

* Hinweis: Aus Gründen der besseren Lesbarkeit wird für die Bezeichnung von männlichen und weiblichen Mitgliedern der Personengruppe Lehrer bzw. Schüler stets die geschlechtsneutrale Bezeichnung gewählt.

1. Die Schüler wünschen sich ein Klassenhaustier

Bisher kam jede meiner Klassen irgendwann einmal auf die Idee, ein Klassenhaustier halten zu wollen. Da sich damit praxisorientiert verschiedene Lernziele erreichen lassen (siehe 1.2), nehme ich diesen Vorschlag gerne an.
An der Planung und Vorbereitung des Aquariums kann sich die gesamte Klasse aktiv beteiligen. Auch die vielfältigen fächerübergreifenden Aufgaben im Zusammenhang mit dem Projekt binden alle Schüler ein. Dennoch sollte gleich zu Beginn ein „Expertenteam" aus ca. vier freiwilligen Schülern ernannt werden, das sich ein Schuljahr lang für die Pflege der Tiere verantwortlich fühlt (siehe 4.).

1.1 Von der Idee zum Projekt

In einem gemeinsam entwickelten Projektplan wird zunächst der grobe Ablauf festgelegt.

Projektplan:

1. Haltungskriterien festlegen
2. Geeignete Tiere für die Haltung im Klassenzimmer vorschlagen
3. In Kleingruppen Informationen zu jeweils einem Tier sammeln und eine Präsentation vorbereiten
4. Präsentation vor der Klasse
5. Vor- und Nachteile abwägen und sich für ein Tier entscheiden
6. Expertenteam zur Pflege des Tieres bestimmen
7. Anschaffung des Tieres und der Pflegeutensilien
8. Langfristige Pflege des Tieres durch die Schüler

Gemeinsam mit den Schülern werden die Haltungskriterien festgelegt, die unbedingt zutreffen müssen:

- Der Unterricht darf nicht gestört werden (keine lauten Geräusche).
- Die Kosten für die Anschaffung und Pflege müssen getragen werden können (siehe 1.4).
- Das Tier darf keine allergischen Reaktionen auslösen (Heu, Federn, Fell).
- Das Tier darf nicht gefährlich sein (z. B. durch Gift).
- Das Tier darf nicht unter Naturschutz stehen.
- Das Tier muss im Klassenzimmer artgerecht gehalten werden können.
- Der Platzbedarf des Tieres muss an das Raumangebot des Klassenzimmers angepasst sein.
- Der Fluchtweg darf nicht versperrt werden (z. B. durch einen großen Käfig).
- Das Tier sollte tagaktiv sein, damit es beobachtet oder gestreichelt werden kann.
- Eine Versorgung am Wochenende und in den Ferien muss gewährleistet sein.

Nachdem die Kleingruppen jeweils ihr Tier vorgestellt haben, werden die Vor- und Nachteile abgewogen und mit den zuvor erarbeiteten Kriterien verglichen. Am Ende bleiben in der Regel nur zwei Tiere übrig: die Maus und der Fisch. Aufgrund der häufigen Allergien auf Heu oder Tierhaare fällt die Entscheidung immer auf die Haltung von Fischen, denn von ihnen werden alle Kriterien erfüllt.
Wichtig ist es, an dieser Stelle mit der Klasse zu klären, ob und wie sie die Anschaffung und den Unterhalt eines Klassenaquariums finanzieren kann (siehe 1.4).

1.2 Lernziele und Legitimation eines Klassenaquariums

Lehrer und Schüler verbringen einen großen Teil des Tages im Klassenzimmer. Um effektiv arbeiten und lernen zu können, ist es wichtig, dass sie sich darin wohlfühlen. Der Unterrichtsraum „muss [...] ein Ambiente anbieten, das den Schülern gerecht wird" (Gold 2000, S. 22). Eine harmonische Farbgestaltung (Boden, Wände, Vorhänge, Türen), eine angenehme Beleuchtung, jahreszeitlicher Schmuck oder Zimmerpflanzen können dazu beitragen, dass der Klassenraum freundlicher wird.
Auch ein Aquarium bietet eine Bereicherung für die Atmosphäre im Klassenraum. So kann es beispielsweise gut in eine „Wohlfühl-Sitzecke" integriert werden.

Bei der Vorbereitung, Anschaffung und Pflege des Aquariums im Rahmen eines Gemeinschaftsprojektes setzen sich die Schüler intensiv mit verschiedenen Fragen rund um das Thema auseinander. Sie dokumentieren ihre Arbeit, indem sie Steckbriefe, Arbeitsergebnisse und Fotos auf Lernplakaten zusammenstellen.

Ein Klassenaquarium dient somit zum einen dazu, das Klassenzimmer wohnlicher zu gestalten (Klassenzimmer als Lebensraum), zum anderen ermöglicht es handlungsorientiertes und fächerübergreifendes Lernen an einer originalen Begegnung (Klassenzimmer als Lernraum).

Das Projekt „Klassenaquarium“ ermöglicht zielgerichtetes, pädagogisches und professionelles Handeln. Folgende Übersicht zeigt auf, welche Lernziele* damit erreicht werden können.

Biologie

- Die Schüler sollen immer wieder aufs Neue erkennen, wie großartig die Natur ist und welche Fragen sie in sich birgt.
- Die Schüler sollen angeleitet werden, zum Schutz der Natur ihren praktischen Beitrag zu leisten (z. B. werden die Wildfänge durch Nachzuchten reduziert).
- Die Schüler sollen durch die artgemäße Haltung und Pflege von Tieren und Pflanzen eine emotionale Beziehung zu Lebewesen aufbauen.
- Die Schüler sollen Fisch- und Pflanzenarten mit ihren Haltungsbedingungen kennenlernen.

Mathematik

- Die Schüler sollen anhand verschiedener praktischer Berechnungen am Aquarium ihr mathematisches Wissen anwenden (z. B. Volumen- und Flächenberechnung, proportionale Zuordnung, Prozentrechnung, Gleichungen, Brüche, Tabellenvergleiche).

Chemie

- Die Schüler sollen die Bestandteile des (Aquarien-) Wassers und Wechselwirkungen erkennen, regelmäßig die einzelnen Wasserwerte überprüfen und ggf. die notwendigen Schritte einleiten, um diese zu ändern.
- Die Schüler sollen chemische Abbauprozesse im Aquarium kennenlernen.
- Die Schüler sollen chemische Formeln und Reaktionen darstellen können.

Erdkunde

- Die Schüler sollen die Herkunftsgebiete der gepflegten Tiere und Pflanzen an einer Karte und/oder am Globus einordnen können.
- Die Schüler sollen Eigenschaften von Böden kennenlernen (z. B. Ton).

Deutsch

- Die Schüler sollen Texte sinnerfassend lesen und Fragen dazu beantworten können (z. B. Aquaristikbücher oder -zeitschriften).
- Die Schüler sollen sich partnergerecht, sachgerecht und verständlich äußern (z. B. Klassenkonferenz zum Thema „Aquarium“).
- Die Schüler sollen Informationen für andere ansprechend aufbereiten und präsentieren (z. B. in einem Referat über Fischarten).
- Die Schüler sollen schriftlich und mündlich argumentieren (z. B. die Vor- und Nachteile eines Klassenaquariums erarbeiten; einen Antrag an den Rektor stellen: „Wir wünschen uns ein Klassenaquarium“).
- Die Schüler sollen einen Vorgang beschreiben (z. B. „Wie richte ich ein Aquarium ein?“).
- Die Schüler sollen einen Bericht für die Schülerzeitung oder einen Jahresbericht verfassen (z. B. „Unser Klassenaquarium“ oder „Der Aquariendienst der Schule stellt sich vor“).
- Verschiedene Rechtschreibfälle sollen durch Sachtexte mit der Thematik „Aquarium“ behandelt werden. Authentische Texte (z. B. Aquaristikbücher), die inhaltlich den Interessen der Schüler gerecht werden, eignen sich aus lernpsychologischen Gründen hierfür besonders gut.
- Die Schüler sollen ausgehend vom Themengebiet „Aquarium“ kreativ mit Sprache umgehen (z. B. Gedicht schreiben, Reizwortgeschichte).

Fremdsprache

- Die Schüler sollen ein Wordweb zum Thema „Aquarium“ erstellen.
- Die Schüler sollen fremdsprachige Texte zum Thema „Aquarium“ (aus dem Internet oder

* bezogen auf den bayerischen Hauptschullehrplan

Fachzeitschriften) sinnerfassend lesen, diese übersetzen und Fragen dazu beantworten können.
- Die Schüler sollen eigene Texte zum Thema „Aquarium“ schreiben.

Kunsterziehung
- Die Schüler sollen Gegenstände aus Ton zur Aquariendekoration selbstständig herstellen.
- Die Schüler sollen Düngekugeln aus Ton herstellen.
- Die Schüler sollen Einrichtungs- und Bepflanzungsentwürfe ihres Klassenaquariums zeichnen/malen.
- Die Schüler sollen Aquarienrückwände selbst gestalten (z. B. als Collage).
- Die Schüler sollen ihren Lieblingsfisch zeichnen und mit diesem Motiv verschiedene Drucktechniken erproben (vgl. Paul Klee: Der Goldfisch, 1925).
- Die Schüler sollen z. B. aus einem Schuhkarton ein Papieraquarium basteln.
- Die Schüler sollen die Klassenzimmerrückwand oder einen Aufenthaltsraum im Unterwasserstil gestalten.

Textbearbeitung
- Die Schüler sollen sich Informationen zu Fischen und Pflanzen aus dem Internet beschaffen.
- Die Schüler sollen mit dem Zehnfingersystem Texte und Tabellen zur Präsentation der Fische und Pflanzen erstellen.
- Die Schüler sollen mit der Digitalkamera Fotos aufnehmen und in ihre Präsentation einarbeiten.
- Die Schüler sollen Texte und Bilder bearbeiten.

Religion
- Die Schüler sollen die Vielfalt der Natur und das Wunder des Lebens erleben (z. B. die Entwicklung vom Ei zum ausgewachsenen Fisch).
- Die Schüler sollen die Verantwortung des Menschen für die Schöpfung erkennen und praktisch umsetzen.
- Die Schüler sollen respekt- und verantwortungsvolles Verhalten gegenüber anderen Lebewesen praktizieren (gewissenhafte Pflege des Aquariums).
- Die Schüler sollen die Natur (Schöpfung) wertschätzen und über deren Gefährdung und Zerstörung informiert sein (z. B. die Zerstörung der Korallenriffe).

Fächerübergreifend
- Den Kindern soll ein schülerorientierter Zugang für eine zunehmend vernetzte Vermittlung naturwissenschaftlichen Denkens, Wissens und Erkennens ermöglicht werden.
- Durch das Einbringen eigener Ideen sollen die Schüler demokratisch ihren Schulalltag mitbestimmen.
- Die Schüler sollen sich die Unterrichtsthemen so weit wie möglich durch die originale Begegnung mit der belebten und unbelebten Natur durch eigenes Tun und durch den Einsatz der Sinne erschließen.
- Durch das Selbst-tätig-sein trägt der Schüler den Lernprozess mit und wird dadurch selbstständiger, selbstbewusster und selbstkritischer.

Pädagogische Ziele
- Die Schüler sollen sich der Verantwortung für ihr tägliches Handeln bewusst werden, das seinen tieferen Sinn in der Achtung vor der belebten und unbelebten Natur erhält.
- Die Schüler sollen Schlüsselqualifikationen erwerben, um Arbeiten selbstständig oder gemeinsam mit anderen verantwortungsbewusst zu planen, auszuführen und abzuschließen.
- Die Schüler sollen durch die gemeinsame Arbeit die Klassengemeinschaft stärken. „Auch Freundschaftsstrukturen bilden sich aufgrund gemeinsamer Erfahrungen heraus“ (Gold 2000, S. 91).
- Die Schüler (Aquariendienst) sollen erkennen, dass sie einen wertvollen Beitrag für die Klassengemeinschaft leisten und in ihrem Selbstbewusstsein gestärkt werden.

Aktuelle empirische Befunde im Bereich Schulentwicklung über die Dimensionen von Schulqualität (vgl. Holtappels 2003) zeigen: „Fachleistungen sind nicht das einzige Gütekriterium für Schulqualität“ (Rahm 2005, S. 51). Ein gutes Schul- und Klassenklima trägt wesentlich zur Freude am Lernen und zum schulischen Erfolg bei.
In meinen Klassen zeigte sich stets, dass durch das Aquarium neue positive Sozialstrukturen gebildet wurden und sich die Schüler sichtlich wohler fühlten. Dies ließ sich unter anderem daran erkennen, dass wir oft Besuch von Schülern aus anderen Klassen erhielten, die immer wieder gerne einen Blick auf das Aquarium warfen.

1.3 Absicherung und Versicherung

Wenn Sie ein Aquarium im Klassenzimmer aufstellen möchten, sollten Sie zuvor die Schulleitung über Ihr Vorhaben informieren. Die Gefahr von Schäden durch ein Aquarium ist äußerst gering. Sollte es dennoch einmal passieren, dass beispielsweise ein Becken während des Wochenendes ausläuft (was nur sehr selten vorkommt), so kann ein erheblicher Schaden entstehen. Klären Sie daher vorher ab, ob die Schule gegen diese Art von Wasserschäden versichert ist. Sollte dies nicht der Fall sein, kann eventuell Ihre Berufshaftpflichtversicherung ein solches Risiko abdecken. Bei vielen Berufsverbänden ist diese bereits im Versicherungspaket enthalten.
Besprechen Sie auch mit Ihren Schülern, welche Schäden durch ein Auslaufen des Wassers entstehen können. Überlegen Sie gemeinsam, welche Vorsichtsmaßnahmen getroffen werden müssen. Wird das Becken aus Versehen durch einen Schüler beschädigt, so kann evtl. die Privathaftpflicht der Eltern für den Schaden aufkommen.

1.4 Kalkulation, Anschaffung und Finanzierung

Der finanzielle Aspekt spielt bei der Anschaffung eines Klassenaquariums natürlich eine wesentliche Rolle. Für ein mittelgroßes Becken (Kantenlänge: 80 cm; Inhalt: ca. 110 Liter), zu dem ich aufgrund der höheren Wasserstabilität rate, muss man insgesamt (für Technik, Kies, Bodendünger, Pflanzen und Fische) momentan mit ca. 180 € rechnen. Bei einem kleineren Aquarium (Kantenlänge: 60 cm; Inhalt: ca. 54 Liter) benötigt man bei gleicher Ausstattung nur ca. 100 €.

Hier ein paar praktische Tipps zur Finanzierung:

- Oft haben einige Schüler oder deren Eltern ein Aquarium zu Hause, das nicht in Betrieb ist und das sie der Klasse zur Verfügung stellen. Manchmal bringt auch ein Kind das Becken mit Abdeckung, ein weiteres den Filter und wieder ein anderes den Heizstab mit, sodass man zum Schluss ein komplett ausgestattetes Aquarium hat.
- Gibt es in der Klasse Aquarianer, so stellen diese gerne überschüssige Pflanzen oder Nachwuchs ihrer Fische zur Verfügung.
- Bei Verkaufsaktionen oder Wettbewerben können die Klassen sich manchmal einen Gewinn für ihre Klassenkasse erwirtschaften. Dieses Geld kann dann für die Anschaffung verwendet werden.
- Sammelt man von jedem Schüler einen kleinen Betrag ein, so lässt sich ein komplettes kleines Aquarium mit Bodengrund, Pflanzen und Fischen einrichten (z. B. 25 x 4 € = 100 €).
- Ein freundliches Gespräch mit der Schulleitung bewirkt oft Wunder! Manche Schulen stellen für die Anschaffung eines Klassenaquariums Gelder zur Verfügung.
- Schreiben Sie mit der Klasse zusammen im Deutschunterricht einen Brief an eine Firma, die Aquarien herstellt. Manche Hersteller bieten den Schulen als Werbegeschenk ein Komplettset an.
- Sollten Sie aus Ihrer eigenen Tasche Dinge für das Klassenaquarium zahlen, so heben Sie sich den Kaufbeleg gut für Ihre Steuererklärung auf. Diese Anschaffungen werden dort berücksichtigt. Ein beigelegtes Foto vom Becken in der Schule ist oft hilfreich.
- Gelegentlich werden in Kleinanzeigen oder Internetauktionen gebrauchte Aquarien und Zubehör zu günstigen Preisen angeboten.
- Informieren Sie sich im Internet über regionale Aquaristikvereine. Diese veranstalten in regelmäßigen Abständen Fischbörsen. Dort können Fische und Pflanzen deutlich unter dem Ladenpreis erworben werden, da hier Hobbyzüchter ihre Nachzuchten anbieten.

Neben den Anschaffungs- müssen auch die Unterhaltskosten mit den Schülern besprochen und die Finanzierung abgeklärt werden. Dies kann in einem Fach stattfinden, in dem wirtschaftliche Aspekte eine Rolle spielen (z. B. Wirtschaft und Recht oder Arbeit – Wirtschaft – Technik).
Für ein voll besetztes Klassenaquarium mittlerer Größe (ca. 110 Liter Inhalt) fallen in einem Schuljahr ungefähr folgende Kosten an:

Utensilien	Kosten	Kommentar
Futtermittel	ca. 20 €	
Reagenzienset zum Messen der Wasserwerte	ab 30 €	Die Reagenzien sind mehrere Jahre haltbar (Verfallsdatum beachten!). Da es sich hierbei um Materialien für den Chemieunterricht handelt, können diese Kosten evtl. vom Budget der Schule getragen werden.
Wasseraufbereiter	ca. 8 €	Nicht immer zwingend notwendig; den Fischen zuliebe ist eine Aufbereitung des Aquarienwassers aber empfehlenswert.
Medikamente	ca. 8 €	Bei regelmäßigem Wasserwechsel, richtiger Fütterung und artgerechtem Besatz kommt es nur sehr selten zu Krankheiten. Eine kleine „Fischapotheke" ist dennoch anzuraten. Ein Medikamentenfläschchen reicht mindestens zwei Jahre (Verfallsdatum beachten!).
Pflanzendünger	ca. 10 €	Pflanzendünger wird nur benötigt, wenn weder Bodendünger noch Tonkugeln zum Düngen verwendet werden. Bei empfindlichen Pflanzen (von deren Kultivierung ich allerdings bei einem Klassenaquarium abrate) oder solchen, die ihre Nährstoffe primär aus dem Wasser aufnehmen, sollte zusätzlich gedüngt werden.

1.5 Langfristige Lösung für die Pflege des Aquariums

Verlässt die Klasse nach einigen Jahren der Aquarienpflege ihre Schule, stellt sich die Frage, wie es mit dem Becken weitergeht. Hierzu sind verschiedene Lösungsmöglichkeiten denkbar.

- Mein Tipp: Sie lösen das Becken vollständig auf. Haben Sie kein eigenes Aquarium zu Hause, finden Sie mit Sicherheit unter den Schülern oder Kollegen genügend Abnehmer für die Fische. Die Pflanzen müssen nicht weggeworfen werden. Sie können während der Sommerferien bis zum Beginn eines neuen Projektes im kommenden Schuljahr auch in Gläsern oder Eimern mit Wasser kultiviert werden, die Sie ans Fenster stellen. Möchten Sie das Projekt im neuen Schuljahr möglichst schnell neu beginnen, so lassen Sie einfach das leere Becken im Klassenzimmer stehen. Sind die Schüler interessiert, so dauert es nicht lange, bis der erste Schüler mit der Bitte auf Sie zukommt, das Aquarium in Betrieb zu nehmen!
- Ein Schüler erklärt sich bereit, das Aquarium mit nach Hause zu nehmen und privat weiterzupflegen.
- Das Aquarium verbleibt in der Schule und wird von der nächsten Klasse übernommen. Diese Vorgehensweise hat allerdings den großen Nachteil, dass sich die neuen Schüler mit dem Projekt nicht so gut identifizieren. Zudem können einige Lernziele nicht mehr erreicht werden, die mit der Planung des Vorhabens und dem Einrichten des Beckens in Verbindung stehen (z. B. Vorgangsbeschreibung).

1.6 Würdigung der Arbeit

Das „Expertenteam" kümmert sich das ganze Schuljahr um das Klassenaquarium. Dieses Engagement muss von der Lehrkraft durch persönliches Lob unbedingt gewürdigt werden. Dadurch wird der Schüler positiv in seinem Handeln bekräftigt und sein Selbstkonzept gestärkt. Weiterhin lernt er, dass es sich lohnt, sich über das erwartete Maß für etwas einzusetzen.
Eine zusätzliche Möglichkeit der Würdigung ist der Vermerk im Zeugnis. Ein Schüler meiner letzten Abschlussklasse entschied sich dafür, den Beruf des Kaufmanns im Einzelhandel zu erlernen. Drei Jahre lang hatte er pflichtbewusst und ordentlich das Klassenaquarium gepflegt. So bewarb er sich bei einem großen Baumarkt in der Zooabteilung und bekam schließlich dort seine Ausbildungsstelle. Sicherlich half ihm dabei auch

die positive Bemerkung in seinem Zeugnis, die Aufschluss über seine hervorragenden Pflegearbeiten für das Klassenaquarium gab. Natürlich möchte nicht jeder Schüler in einer Zooabteilung seine Lehre beginnen. Eine Zeugnisbemerkung über freiwillige Dienste zeigt jedoch dem Arbeitgeber, dass ein Schüler generell bereit ist, sich auch über das erwartete Arbeitspensum hinaus zu engagieren. Ist es nicht möglich, diese Bemerkung direkt ins Zeugnis aufzunehmen, sollte dem Schüler zumindest eine Bestätigung (vgl. Freinetpädagogik, Würdigung von Schülerleistungen bei Freiarbeit) ausgestellt werden, die er jederzeit einer Bewerbung beilegen kann.

2. Vorbereitungen treffen

2.1 Der richtige Standort

Da ein vollständig eingerichtetes Aquarium ein enormes Gewicht hat, lässt es sich im Nachhinein nicht mehr verschieben. (Dies sollte unbedingt auch dem Hausmeister und dem Reinigungspersonal mitgeteilt werden!) Es ist also von größter Bedeutung, sich gleich zu Beginn Gedanken über den endgültigen Standort zu machen.

Das Aquarium muss im Klassenzimmer so platziert sein, dass

- die Licht- und Temperaturverhältnisse für die Tiere und Pflanzen darin optimal sind;
- es gut sichtbar ist und das Innenleben beobachtet werden kann;
- das Risiko von Schäden gering ist.

Licht und Temperatur

Das Aquarium sollte nicht direkt am Fenster aufgebaut werden. Früher stellte man Aquarien oft ans Fenster, damit sie genug Licht bekamen. Das hatte schwerwiegende Folgen: Die Algen wuchsen aufgrund eines vollständigen und für sie vorteilhaften Lichtspektrums recht gut und die Becken heizten sich zum Teil bis an die 40 °C auf, was für viele Fische zum Tod führte. Heute ist man nicht mehr auf das Tageslicht mit seinen negativen Einflüssen für die Aquaristik angewiesen. Die künstliche Beleuchtung (siehe 2.2) bietet ein Lichtspektrum, bei dem sich Fische und Pflanzen wohlfühlen. Das Algenwachstum wird gebremst, indem die für Algen notwendigen Spektren (Algenlöcher) herausgefiltert werden. Bei Bedarf kann auch die Beleuchtungsdauer reduziert werden.
Die Verwendung von künstlicher Beleuchtung hat zudem den Vorteil, dass sich das Wasser nicht so stark aufheizt wie unter Sonnenlicht. Als weiterer Schutz vor Überhitzung ist darauf zu achten, dass das Becken nicht in der Nähe eines Heizkörpers steht.

Sichtbarkeit

Der Stellplatz sollte nicht gegenüber von einem Fenster oder Beleuchtungskörper gewählt werden, da die Glasscheiben spiegeln und das Innenleben sonst nicht ohne visuelle Störungen betrachtet werden kann. Zimmerecken bieten sich an; die Verwendung als Raumteiler hat den Vorteil, dass das Becken von beiden Seiten eingesehen werden kann.

Einen optimalen Einblick in das Aquarium bekommt man, wenn der Wasserspiegel sich in Augenhöhe befindet.

Risiko von Schäden minimieren

Um Schäden an den Silikonnähten und am Glas zu vermeiden, sollte darauf geachtet werden, dass der Boden sich in der Waagerechten befindet. Vor allem bei älteren Gebäuden oder in den Ecken eines Raumes ist dies häufig nicht der Fall. Unebenheiten müssen ausgeglichen bzw. ein anderer Standort ausgewählt werden.
Wie bereits erwähnt, ist das Gewicht eines vollständig eingerichteten Aquariums nicht zu unterschätzen. 1 Liter Wasser wiegt 1 kg. Der Bodengrund lässt sich mit 1,6 kg pro Liter ansetzen. Hinzu kommen noch die Glasscheiben. Das Gesamtgewicht lässt sich vereinfacht mit folgender kleinen Formel bestimmen (vgl. Krause 1997, S. 22):

Betriebsgewicht (kg) ≈ 1,3 x Aquariengröße (l)

Kleine Aquarien können bequem auf einem Tisch oder in einem stabilen Bücherregal ihren Platz finden. Für größere Becken sind die im Handel üblichen Aquarienschränke anzuraten. Das Glas darf sich keinesfalls unter der Last des Wassers biegen, da es bei hohl oder verkantet stehenden Becken im Extremfall zum Glasbruch kommen kann. Eine Styroporunterlage sorgt für den Ausgleich von kleineren Unebenheiten. Solche Unterlagen sind in allen gängigen Größen in der Zoofachhandlung erhältlich.
Moderne Schulhäuser haben Betonfußböden mit einer Verkehrslast von 300–400 kg/m². Kleine bis mittlere Becken können also bedenkenlos aufgestellt werden. Soll ein großes Aquarium (ab 400 l) zum Einsatz kommen, so empfiehlt es sich, dieses direkt an der Wand aufzustellen, damit das Gewicht besser vom Gebäude getragen werden kann. Zudem muss darauf geachtet werden, dass der Boden nicht schwingt. Dies überträgt sich auf das Aquarium und kann im Extremfall zu Glasbruch führen.
Überprüfen Sie die Schwingung des Bodens, indem Sie eine Schale mit Wasser an der Stelle des geplanten Aquariums aufstellen. Bewegt es sich stark beim Vorübergehen, so ist dieser Platz nicht gut für Ihr Vorhaben geeignet.

Von Vorteil sind Steckdosen direkt am Standort des Beckens. Verlängerungskabel können zur Stolperfalle werden und sehen außerdem nicht schön aus. Des Weiteren sind ein Wasseranschluss und ein Ausguss in der Nähe ideal, um den regelmäßigen Wasserwechsel zu erleichtern.

Dieser selbst gebaute Unterschrank besteht aus Gasbetonsteinen an den Seiten, die sich leicht bearbeiten lassen, und einer stabilen Holzplatte darüber. Im Zwischenraum kann Zubehör oder ggf. ein Außenfilter untergebracht werden.

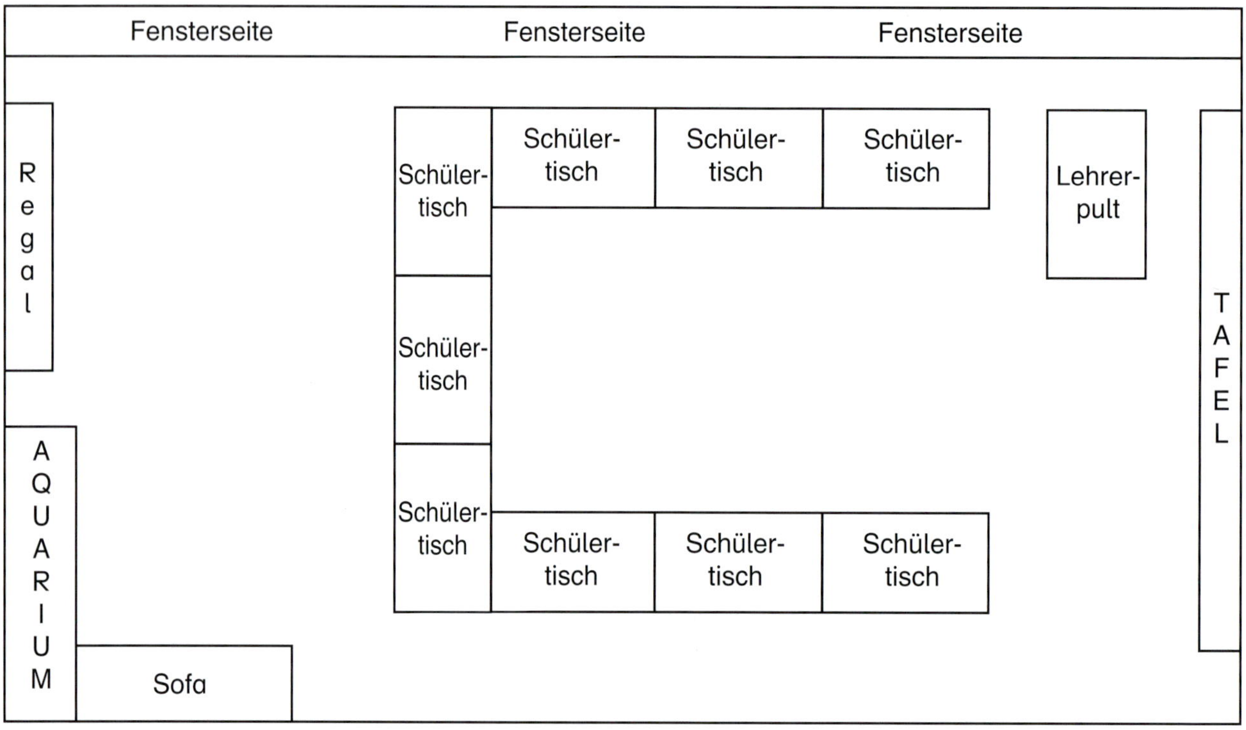

Beispiel für einen geeigneten Aquarienstandort im Klassenzimmer

Zusammenfassung:

Standort

- Ein Aquarium sollte nicht am Fenster oder an Heizkörpern aufgestellt werden.
- Man sollte keine Stellplätze gegenüber von Fenstern oder Beleuchtungskörpern wählen.
- Der Wasserspiegel sollte möglichst in Augenhöhe sein.
- Boden und Aufstellfläche müssen waagerecht sein.
- Große Aquarien sollten direkt an der Wand stehen.
- Der Fußboden darf keine Schwingungen auf das Becken übertragen.
- Steckdosen, Wasseranschluss und Ausguss sollten sich in der Nähe befinden.

2.2 Das benötigte Material

Zum Einrichten eines Klassenaquariums werden die im Folgenden aufgelisteten Materialien benötigt.

Aquarienbecken	→ siehe unten
Styropor- oder Schaumstoffunterlage	→ siehe Seite 14
Wasserfilter	→ siehe Seite 14
Heizung	→ siehe Seite 16
Beleuchtung (mit Zeitschaltuhr)	→ siehe Seite 17
Thermometer	→ siehe Seite 19
Membranpumpe mit Ausströmer	→ siehe Seite 19
Mehrfachstecker	→ siehe Seite 19
Scheibenreiniger	→ siehe Seite 19
Kies	→ siehe Seite 20
Nährboden	→ siehe Seite 20
Rückwand	→ siehe Seite 20
Dekoration	→ siehe Seite 20 f.
ggf. Futterautomat	→ siehe Seite 21
Fangnetz	→ siehe Seite 21
Mulmglocke	→ siehe Seite 22
Reagenzienset zur Bestimmung der Wasserwerte	→ siehe Seite 22
Eimer und Lappen	→ siehe Seite 22

Aquarienbecken

Im Zoofachhandel werden Aquarien aus unterschiedlichen Materialien, in unterschiedlicher Qualität und Größe angeboten.

Wenn Sie für das Klassenzimmer ein Aquarium kaufen möchten, empfehle ich ein Glasaquarium. Glasaquarien haben zwar ein hohes Gewicht, bauchen jedoch bei richtiger Verarbeitung nicht aus und die Scheiben verkratzen kaum, wenn sie sachgemäß gepflegt werden.

Beim Kauf eines solchen Beckens sollte auf einige Dinge geachtet werden. Der Silikonkitt muss schwarz sein, weil helles Dichtungsmaterial von Algen unterwuchert und das Aquarium dadurch undicht wird. Luftblasen und Kräuselungen im Silikon weisen auf eine unsachgemäße Verarbeitung hin. Bei Aquarien mit einer Länge ab 1 m sollten eine oder mehrere Querstreben eingeklebt werden, um ein Ausbauchen und Glasbruch zu verhindern.

Wichtiger Hinweis: Bei der Haltung von Rüsselzahnwelsen (Gattung *Leporacanthicus*) ist von der Verwendung eines Glasaquariums abzuraten, da diese Fische sich die Silikonverklebung schmecken lassen und das Becken dadurch undicht wird. Von allen anderen Wels- und Fischarten ist dieses Verhalten nicht bekannt.

Als Alternative zu den Glasbecken werden häufig auch solche aus Acrylglas angeboten. Sie besitzen keine Klebenähte und eine siebenfach höhere Festigkeit als Glas, wodurch sie relativ bruchsicher sind. Zudem sind diese Aquarien sehr leicht. Im Vergleich zu den Glasaquarien haben Acrylglasbecken jedoch den Nachteil, dass das Material etwas Flüssigkeit aufnimmt und leicht ausbaucht. Außerdem verkratzen die Scheiben bei den Pflegearbeiten, wodurch die Becken nach einiger Zeit unansehnlich wirken. Algenmagnete oder Klingen dürfen hier zum Reinigen der Scheiben nicht verwendet werden. Für das Ausbessern gibt es Poliermittel. Man kann auch Becken mit einer extra Schutzschicht kaufen, allerdings sind diese dann teurer und verkratzen schließlich doch wieder.

Egal für welchen Aquarientyp man sich entscheidet, eines sollte stets berücksichtigt werden: Je größer ein Aquarium ist und je geringer es mit Fischen besetzt wird, umso leichter ist es zu pflegen. Für ein Klassenaquarium rate ich zu einem Becken mit mindestens 100 Liter Fassungsvermögen. Bei größeren Becken mit niedrigem Besatz werden anfängliche Fehler leichter abgepuffert. Zudem kann die Wasserqualität besser stabil gehalten werden.

Im Zoofachhandel wird oft mit billigen Einsteigersets geworben, die normalerweise leider nur ein Fassungsvermögen von ca. 50–60 Litern haben.

Gegen die insgesamt preisgünstigeren Komplettsets ist in der Regel nichts einzuwenden, allerdings sollten vorzugsweise Markenprodukte gewählt werden. Zum einen ist hier die Verklebung besser, zum anderen wird bei Billigangeboten meistens an der Qualität des Filters gespart, was letztendlich zu mehr Pflegeaufwand führt. Achten Sie bei der Wahl des Beckens auch darauf, dass alle Stellen mit der Hand gut zu erreichen sind.

Zusammenfassung:

Vorteile des Glasaquariums
- weit verbreitet
- baucht normalerweise nicht aus
- Scheiben verkratzen bei sachgemäßer Pflege kaum

Allgemein
- Je größer das Becken und je niedriger der Besatz, umso leichter lässt es sich pflegen (Empfehlung: mind. 100 Liter Fassungsvermögen).
- Alle Stellen des Beckens sollten für die Pflege gut zugänglich sein.
- Tipp: Glasaquarium-Komplettset von Markenhersteller wählen.

Styropor- oder Schaumstoffunterlage

Unter jedes Aquarium sollte eine Styropor- oder Schaumstoffunterlage gelegt werden, um Unebenheiten am Aufstellungsort auszugleichen und Glasbruch zu vermeiden.

Wasserfilter

Das wichtigste technische Gerät in einem Aquarium ist der Filter. Er reinigt das Wasser von den Ausscheidungen der Fische, abgestorbenen Pflanzenteilen, faulenden Futterresten und Schwebeteilchen. Doch es findet hier nicht nur ein mechanischer Prozess statt. Im Filtermaterial leben Bakterien, die dafür sorgen, dass verschiedene für die Fische schädliche Stoffe abgebaut werden (siehe 4.3).
Allgemein dürfen die Filter bei Pflegearbeiten im Aquarium nur bis zu maximal 45 Minuten ausgeschaltet werden, da die Bakterien sonst unzureichend mit Sauerstoff und Nährstoffen versorgt werden. Aus dem gleichen Grund müssen die Filtermaterialien stets feucht gehalten werden. Der Ausströmer des Filters sollte die Oberfläche des Wassers immer in Bewegung halten, damit der Gasaustausch in ausreichendem Maße vonstattengehen kann.
Die Filtergröße ist abhängig vom Aquarienvolumen. Aquarienfilter sollten eher über- als unterdimensioniert sein. In den Aquaristikgeschäften wird man fachkundig beraten, zudem sind auf den Verpackungen die Literangaben des Beckens vermerkt.

Haben Sie handwerklich interessierte Schüler in der Klasse, so bietet es sich an, einen Hamburger Mattenfilter selbst zu bauen (siehe 5.1). Ansonsten stehen Ihnen im Fachhandel verschiedene Filtertypen zur Auswahl. Wenn Sie einen neuen Filter für das Klassenaquarium anschaffen, spielt natürlich der Kostenfaktor eine erhebliche Rolle. Achten Sie aber auch darauf, dass der Filter möglichst leise ist, damit die Schüler nicht durch die Geräusche des Aquarienfilters beim Arbeiten gestört werden.
Ein Außenfilter bietet den Vorteil, dass er im Aquarium nicht zu sehen ist und keinen Platz darin wegnimmt. Er kann gut im Aquarienschrank untergebracht werden. Oft lassen sich in ihm auch andere Geräte wie zum Beispiel die Heizung unterbringen.
Im Vergleich zu einem Innenfilter hat ein Außenfilter ein wesentlich höheres Filtervolumen und muss deshalb nur alle sechs bis acht Monate gesäubert werden.

Zunächst wird das Wasser mechanisch gefiltert. Hierzu dient Filterwatte oder Schaumstoff. Für den anschließenden biologischen Reinigungsprozess werden Materialien eingesetzt, die eine möglichst große Oberfläche haben (z. B. Keramikröhrchen, Kies oder Kunststoffkörper) und an denen sich die Bakterienkulturen ansammeln.

Außenfilter sind leise und leisten eine gute biologische Filterung.

Es können zusätzlich Materialien zur chemischen Filterung eingebracht werden, wie beispielsweise Torf oder Aktivkohle. Diese müssen jedoch nach einer gewissen Zeit wieder entfernt werden.
Ein Außenfilter eignet sich für alle Aquarien ab 100 Liter Inhalt und kann auch für große Becken (z. B. 600 Liter) verwendet werden. Das Betriebsgeräusch ist in der Regel sehr leise. Da der ganze Filter außerhalb des Aquariums liegt, müssen die Schläuche und Dichtungen regelmäßig kontrolliert werden, damit kein Wasser ins Klassenzimmer gepumpt wird. Manche Aquaristikläden bieten an, die geräumigen Außenfilter direkt in das Becken hineinzukleben. Somit umgeht man die Gefahr eines Wasserschadens durch die Filteranlage und hat dennoch die Vorteile des Außenfilters.
Außenfilter sind eher in der mittleren bis oberen Preiskategorie zu finden. Ist das Budget der Klasse ausreichend oder haben Sie die Möglichkeit, das Gerät kostengünstig zu bekommen, rate ich Ihnen für ein Klassenaquarium zur Anschaffung eines Außenfilters.

Ist ein Außenfilter für die Klasse zu teuer, empfehle ich einen motorbetriebenen Innenfilter. Wenn Sie ein Komplettset kaufen, ist in der Regel ebenfalls ein solcher Innenfilter integriert.
Dieser Filtertyp ist leise und gut für ein Klassenaquarium bis zu einem Volumen von 200 Litern geeignet. Innenfilter müssen, wie der Name schon sagt, im Inneren des Aquariums angebracht werden. Dadurch nehmen sie im Becken Platz weg und sind immer sichtbar. Ein großer Vorteil ist jedoch, dass bei dieser Filtermethode weder Schläuche noch der Filter außerhalb des Aquariums liegen.
Je nach Fischbesatz müssen Innenfilter alle vier bis sechs Wochen gereinigt werden. Achten Sie darauf, dass die Filterschwämme nicht zu klein sind, da diese häufiger gesäubert werden müssen. Hierzu nimmt man die Filterpatrone heraus und drückt den Schwamm unter lauwarmem Wasser einige Male aus. Das Wasser darf nicht zu kalt oder zu warm sein, da sonst die Bakterienkulturen zerstört werden.

Für kleinere Aquarien (bis zu 60 Liter) wird manchmal zu luftbetriebenen Innenfiltern geraten, da sie relativ günstig in der Anschaffung sind. Bei diesen Geräten wird mit einer Membranpumpe Luft durch den Filter geblasen. Die Reinigung des Wassers erfolgt mithilfe einer Schaumstoffpatrone. Ich rate von einer Verwendung solcher Filter im Klassenzimmer ab, da die meisten Membranpumpen sehr laut werden und die Konzentration der Schüler während des Unterrichts negativ beeinflussen können. Ebenso ist dieser

Dieser kleine motorbetriebene Innenfilter wird für ein Aquarium mit 54 Liter Inhalt verwendet.

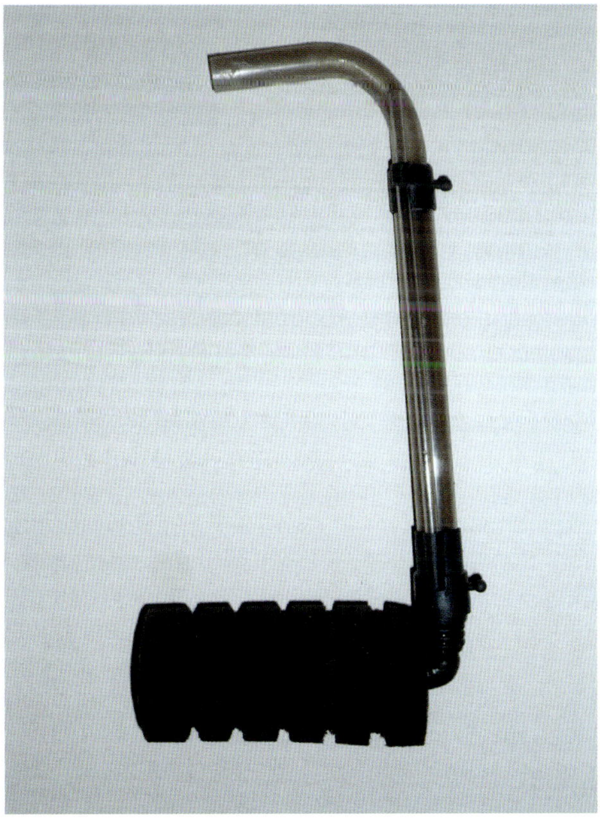

Ein luftbetriebener Innenfilter muss mit einer Membranpumpe betrieben werden.

Filter für den Einsatz in Pflanzenaquarien ungeeignet, da er das für Pflanzen lebensnotwendige CO_2 austreibt. Außerhalb des Klassenzimmers kann dieser Filter aber gut für den Zuchtbetrieb eingesetzt werden (z. B. in einem Aquarienzimmer).

Zusammenfassung:

Vorteile des Außenfilters
- leises Betriebsgeräusch
- weitere Technik kann darin verstaut werden (z. B. Heizstab)
- gute biologische Filterung
- verbraucht keinen Innenraum im Aquarium
- im Aquarium nicht sichtbar

Vorteile des motorbetriebenen Innenfilters
- leises Betriebsgeräusch
- mittlere Anschaffungskosten

Heizung

Fische haben keine gleichbleibende Körpertemperatur wie beispielsweise Säugetiere. Sie sind wechselwarm (poikilotherm), ihre Körpertemperatur ist von der Umgebungstemperatur abhängig. Somit spielt die Wassertemperatur im Aquarium für die Fische darin eine wesentliche Rolle. Die Geschwindigkeit des Stoffwechsels der Fische wird von ihrer Körpertemperatur beeinflusst. Sowohl zu hohe als auch zu niedrige Wassertemperaturen schaden den Tieren und führen schließlich zum Tod. Auch die Aquarienpflanzen sind auf eine angemessene Umgebungstemperatur angewiesen.
Fische der gemäßigten Zone benötigen Temperaturen von 10–20 °C. Da die Temperatur im Klassenzimmer nie unter 10 °C absinkt, wird für diese Pfleglinge keine Heizung benötigt. Möchte man allerdings die in der Aquaristik weiter verbreiteten tropischen Fische und Pflanzen im Klassenaquarium halten, muss man für konstante Temperaturen von 23–29 °C sorgen. Im Schulgebäude werden in den kalten Monaten die Heizungen oft schon am Nachmittag abgesenkt. Auch wird an Wochenenden und in den Ferien nicht oder nur sehr sparsam geheizt. Zwar liefern die Aquarienlampen eine gewisse Wärme, zu starke Differenzen können sie jedoch nicht kompensieren. Somit wird eine Heizung für das Aquarium notwendig. Die günstigste Möglichkeit ist die Verwendung eines Stabheizers. Oft sind in Außenfiltern bereits Heizelemente eingebaut, sodass ein Stabheizer im Becken nicht mehr benötigt wird.
Stabheizer gibt es mit einer Leistung von 10 bis 500 Watt. Die Wattzahl des Stabheizers muss der

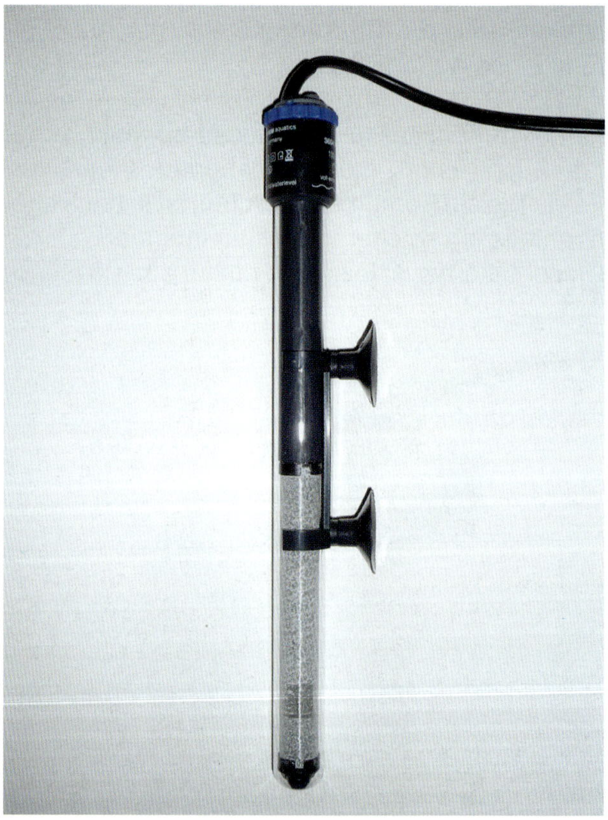

Stabheizer sind die günstigste Möglichkeit der Aquarienheizung.

Literzahl des Beckens entsprechen, d. h. für ein Aquarium mit 200 Liter Inhalt sollte ein 200-Watt-Stabheizer verwendet werden.
Das Gerät lässt sich auf eine bestimmte Temperatur einstellen. Es heizt so lange, bis diese Temperatur erreicht ist, und schaltet sich dann automatisch ab. Der Stabheizer wird mit Saugnäpfen an der Scheibe befestigt. Er sollte vollständig vom Wasser umspült sein, damit das

angewärmte Wasser gut im Becken verteilt wird. Hierfür bietet sich eine Stelle in der Nähe des Filter-Wasserausströmers an.
Der Heizstab darf weder das Glas berühren noch in den Bodengrund eingegraben werden, weil dies zu einem Hitzestau führen könnte. Zwar haben die meisten Stabheizer einen Sicherheitsmechanismus eingebaut, dennoch sollten sie vorsichtshalber während der Arbeiten im Aquarium ausgesteckt werden. Dies gilt auch beim Wasserwechsel, da der obere Teil sonst nicht vom Wasser umspült wird und überhitzt. Hierbei kann das Glasrohr platzen und ein Kurzschluss evtl. den Pfleger gefährden sowie zum Tod der Fische führen.

Zusammenfassung:

Heizung
- Nur für tropische Fische und Pflanzen wird eine Aquarienheizung benötigt.
- Ein Stabheizer ist die günstigste Aquarienheizung.
- Leistung des Stabheizers: 1 Watt pro Liter Aquarieninhalt
- Ein Stabheizer darf weder die Scheibe noch den Bodengrund berühren und nie trocken liegen (z.B. beim Wasserwechsel).

Beleuchtung

Wie bereits in 2.1 erläutert, darf das Klassenaquarium nicht direkt am Fenster aufgestellt und somit dem direkten Tageslicht ausgesetzt sein. Die Lichtzufuhr sollte über Aquarienleuchten reguliert werden.
Das Licht ist für die Pflanzen und die Tiere im Aquarium von großer Bedeutung. Die Pflanzen benötigen es zur Fotosynthese, die Fische richten ihre Aktivitäten nach dem Tag- und Nachtzyklus (z.B. Laichstimmung, Futtersuche).
Für eine gleichmäßige Beleuchtungsdauer sorgt eine Zeitschaltuhr. Eine einfache, mechanische Zeitschaltuhr mit 24-Stunden-Zyklus ist kostengünstig im Baumarkt zu haben und erfüllt ihren Zweck.

Für ein Klassenaquarium könnte die Beleuchtung folgendermaßen eingestellt werden:
- Beleuchtung am Vormittag:
  07:00 Uhr – 13:00 Uhr
- Mittagspause:
  13:00 Uhr – 15:00 Uhr
- Beleuchtung am Nachmittag:
  15:00 Uhr – 20:00 Uhr

Es empfiehlt sich, eine „Mittagspause“ einzuplanen, d.h. die Beleuchtung mittags für zwei bis vier Stunden auszuschalten. Da Lampen auch Wärme abstrahlen, kann somit eine Überhitzung des Beckens (über 30 °C) vermieden werden. Die Pflanzen nehmen diese Pause dankbar zur Erholung an, die Algen wiederum vertragen sie schlecht.

Eine einfache mechanische Zeitschaltuhr ist günstig und zweckmäßig.

Bei der Einstellung der Lichtzufuhr muss darauf geachtet werden, dass die Bedürfnisse von Pflanzen und Fischen aufeinander abgestimmt sind. So ist zum Beispiel für Fische, die kein grelles Licht mögen, eine Schwimmpflanzendecke sinnvoll.
Die Beleuchtung muss direkt über dem Aquarium angebracht werden. Die Bewohner richten sich an der Lichteinstrahlung aus. Während der „Mittagspause“ lässt sich gut beobachten, dass sich die Fische an dem schummrig durch die Seitenscheiben einfallenden Licht orientieren und etwas schräg im Wasser stehen.

Für das Klassenaquarium empfehle ich die Verwendung von Leuchtstoffröhren. Diese in der Aquaristik üblichen Leuchten arbeiten am wirtschaftlichsten, ihre Fassungen sind in vielen Aquarienabdeckungen bereits mit eingearbeitet.
Das Lichtspektrum von Aquarienleuchtstoffröhren ist speziell auf die Bedürfnisse der Pflanzen und Fische sowie auf eine optimale Ästhetik für den Betrachter abgestimmt.
Bei der Auswahl der Leuchten ist darauf zu achten, dass sie entsprechend den Sicherheitsvorschriften für den Gebrauch im Aquarium geeignet sind und ein VDE-, TÜV-, GS- oder CD-Zeichen tragen.
Können mehrere Röhren über dem Aquarium angebracht werden, sollte mindestens eine davon das für das Pflanzenwachstum günstige Lichtspektrum abdecken. Die anderen Röhren können je nach Geschmack kombiniert werden, um ausgewählte Farbtöne hervorzuheben. Einige Hersteller bieten Leuchtstoffröhren an, bei denen genau das von den Algen benötigte Lichtspektrum nicht abgestrahlt wird.

Meist ist die Ausleuchtung mit den Leuchtstoffröhren bei den im Handel zu erwerbenden Komplettsets zu schwach. Für ein gutes Pflanzenwachstum gilt die Regel: 1 Watt für 2 Liter Wasser. Ein Aquarium mit 100 Liter Wasservolumen benötigt folglich Leuchtstoffröhren mit einer Gesamtleistung von ca. 50 Watt (z.B. 3 x 17 W). Mit Reflektoren lässt sich die Beleuchtungsstärke mehr als verdoppeln. Verwenden Sie diese, wenn die Wattzahl der bereits in der Aquarienabdeckung eingearbeiteten Röhren nicht ausreicht. Die Reflektoren werden einfach oben auf die Leuchtstoffröhren gesteckt.
Mit der Zeit lässt die Leistung der Leuchtstoffröhren nach. Daher sollten sie spätestens nach zwei Jahren ausgetauscht werden. Befinden sich mehrere Röhren in der Abdeckung, darf man sie nur langsam – in einem Zeitabstand von ca. vier Wochen – nacheinander austauschen, da sich die Pflanzen an das von ihnen abgestrahlte Licht gewöhnt haben und einen zu schnellen Wechsel nicht gut vertragen.
Die in der Aquaristik häufig eingesetzten HQI-Lampen (Quecksilberdampf-Hochdrucklampen mit Halogen-Metalldampf) sind für das Klassenzimmer weniger geeignet als die Leuchtstoffröhren. Zum einen sind sie recht teuer, zum anderen werden sie meist in Hängeleuchten verwendet, die fest an der Decke installiert sind. Das würde eine aufwändige Neuinstallation bei jedem Klassenraumwechsel bedeuten.

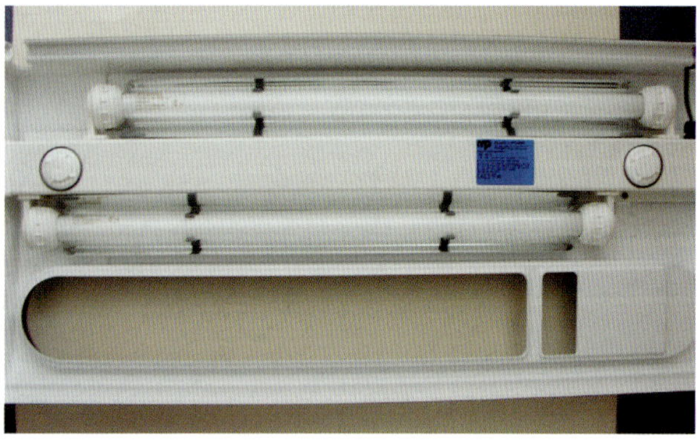

Leuchtstoffröhren sind in vielen Komplettsets bereits in die Abdeckung integriert.

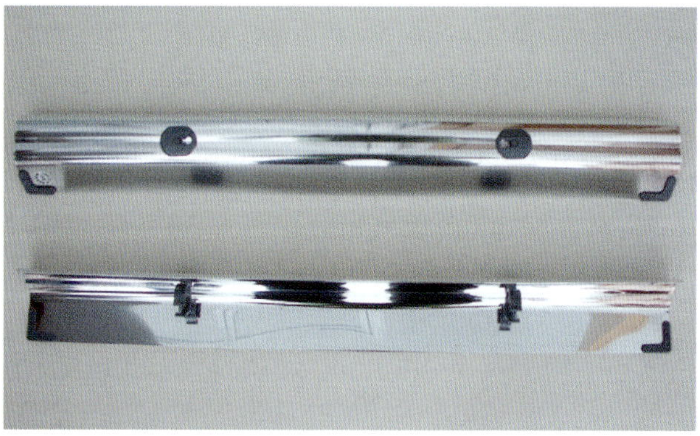

Reflektoren verbessern die Lichtausbeute bei Leuchtstoffröhren.

Zusammenfassung:

Beleuchtung
- Die Verwendung von speziellen Leuchtstoffröhren ist für ein Klassenaquarium am besten geeignet.
- Mit einer Zeitschaltuhr lässt sich ein natürlicher Beleuchtungsrhythmus einstellen.
- Die Lichtansprüche von Fischen und Pflanzen sollten aufeinander abgestimmt sein.
- Bei mehreren Röhren wählt man eine für den Pflanzenwuchs, alle weiteren je nach Geschmack.
- Eine Verstärkung der Lichtleistung ist durch Reflektoren möglich.

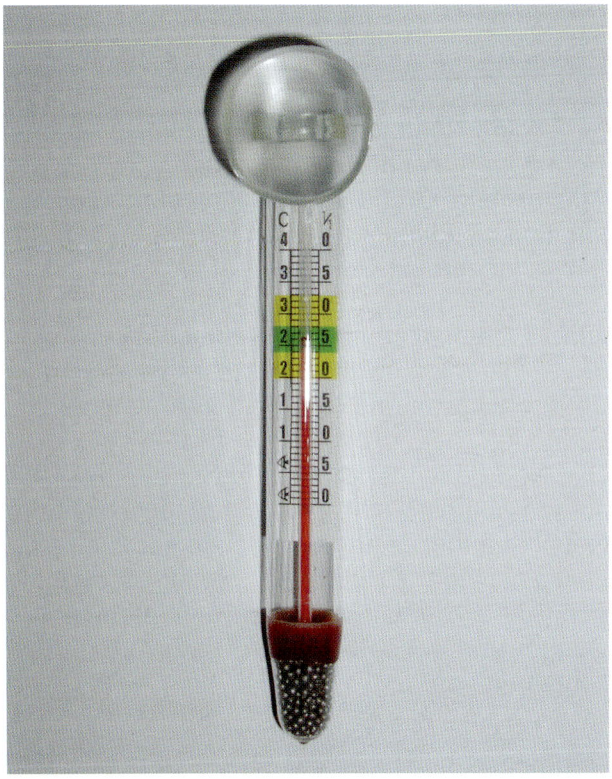

Aquarienthermometer mit Saugnapf

Thermometer

Für das Klassenaquarium reicht ein ganz normales Aquarienthermometer, das mit einem Saugnapf an der Scheibe befestigt wird.
Es gibt in der Aquaristik auch elektronische Messgeräte, die zum Teil noch weitere Daten liefern, wie zum Beispiel den pH-Wert des Wassers. Diese sind jedoch sehr teuer und somit für unser Vorhaben in der Schule eher ungeeignet. Von Thermometerstreifen, die sich außen am Becken festkleben lassen, ist aufgrund der Messungenauigkeit ebenfalls abzuraten.

Membranpumpe mit Ausströmer

Eine Membranpumpe mit Ausströmer wird verwendet, um in sauerstoffarmen Phasen (z. B. im Sommer bei einer Wassertemperatur von 30 °C und höher) oder bei einer Medikamentenbehandlung zusätzlich Sauerstoff ins Aquarium einzubringen. Ansonsten wird sie nicht benötigt.
Membranpumpen vibrieren stark und sind laut. Das stört die Schüler und somit den Unterricht.
Muss die Membranpumpe dennoch in den oben genannten Fällen zum Einsatz kommen, wird sie manuell oder über eine Zeitschaltuhr so eingestellt, dass sie nur in der unterrichtsfreien Zeit arbeitet.
Steht die Membranpumpe unterhalb des Wasserspiegels, sollte vorsichtshalber ein Rückschlagventil in den Schlauch eingebaut werden, damit sich bei einer Fehlfunktion das Aquarium nicht entleert.

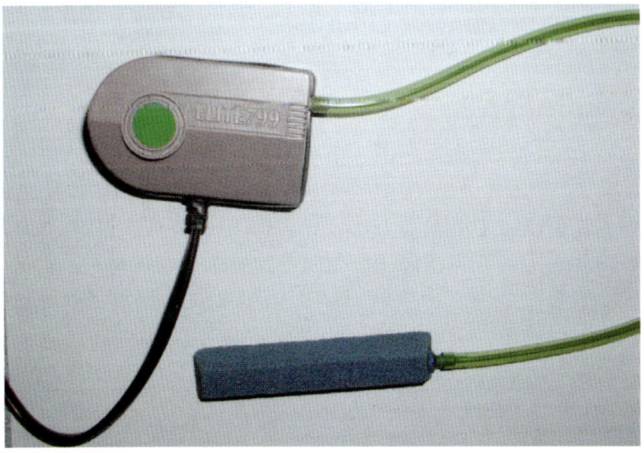

Die Membranpumpe ist über einen dünnen Schlauch mit dem Ausströmer verbunden.

Mehrfachstecker

Für die verschiedenen technischen Geräte (Filter, Beleuchtung, Stabheizer usw.) wird in der Regel ein Mehrfachstecker gebraucht. Er muss vor Spritzwasser geschützt sein. Bei Arbeiten im Aquarium nimmt man am besten den Hauptstecker vom Netz.

Scheibenreiniger

Immer wieder kommt es vor, dass die Scheiben des Aquariums leicht veralgen, wodurch die Sicht in das Becken erschwert wird. Zur Reinigung der Scheiben sind die sogenannten Scheibenmagnete sehr beliebt. Sie bestehen aus einem Innenteil, das eine eher raue Seite aufweist, und

Scheibenmagnete werden sehr häufig verwendet, um das Glas von Algen zu befreien.

einem Außenmagneten, der über eine weiche Oberfläche verfügt. Beide Teile ziehen sich an. Dazwischen befindet sich die Scheibe. Bewegt man mit der Hand den Außenmagneten, so folgt das Innenteil und entfernt die Algen.
Man sollte die Reinigungsseite nicht bis zum Kies führen, da ein Steinchen sich zwischenschieben und das Glas verkratzen könnte. Auch muss etwas Abstand zu den Silikonnähten gehalten werden.

Es gibt Innenteile, die an der Wasseroberfläche schwimmen, sobald sie den Kontakt zum Außenmagneten verlieren. Diese sind besonders praktisch, weil sie sich schnell aus dem Wasser fischen lassen. Die Schüler sollten darüber aufgeklärt werden, dass die Anziehungskraft der Magnete recht stark ist und man sich die Finger dazwischen einklemmen kann.
Alternativ zu den Scheibenmagneten können auch Reiniger mit Klingen verwendet werden, diese sind ebenfalls sehr effektiv.

Zur Reinigung der Aquarienaußenwände reicht es normalerweise aus, wenn man das Becken ab und an mit einem feuchten Lappen abwischt und somit vom Staub befreit. Kondenswasser oder bei Reinigungsarbeiten nicht abgetrocknete Scheiben führen gelegentlich zu Kalkablagerungen. Diese können mit einem separaten Lappen und einem Kalkreiniger vorsichtig entfernt werden. Von anderen Reinigungsmitteln zur Säuberung der Aquarienaußenwände rate ich generell ab, da sie unter keinen Umständen ins Aquarienwasser gelangen dürfen. Zudem können sie die Silikonnähte auflösen, wenn sie mit ihnen in Kontakt kommen.

Kies

Der Kies am Beckenboden sollte eine Korngröße von zwei bis drei Millimetern haben. Bei feinerer Körnung kann der Bodengrund nicht ausreichend belüftet werden, bei gröberer Körnung gelangt zu viel Sauerstoff in das Erdreich, was eine zu starke Oxidation von Nährstoffen nach sich zieht. Je nach Höhe des Beckens sollte die Kiesschicht fünf bis acht Zentimeter dick sein, damit die Pflanzen gut wurzeln können. Es dürfen keine scharfkantigen Körner verwendet werden, um zu vermeiden, dass sich die am Boden lebenden Fische verletzen.
In den Zoofachgeschäften wird auch farbiger Kies angeboten. Für welchen man sich entscheidet, ist Geschmacksache. Zu grelle Farben sind jedoch für manche Fische ungeeignet.

Nährboden

Die meisten Aquarienpflanzen sind Sumpfpflanzen, die den Hauptbedarf der zum Wachstum benötigten Nährstoffe über ein kräftiges Wurzelwerk dem Bodengrund entnehmen.
Aus diesem Grund sollte unter dem Kies ein mit Langzeitdünger versetzter Nährboden eingebracht werden. Das Angebot im Zoofachhandel ist reichhaltig, große Qualitätsunterschiede konnte ich bisher nicht feststellen. Wie viel man davon benötigt, ist von Hersteller zu Hersteller unterschiedlich und wird auf der Verpackung vermerkt.
Die Nährböden sind nach etwa ein bis zwei Jahren aufgebraucht. Eine gute Möglichkeit der Nachdüngung, ohne das Becken komplett wieder einrichten zu müssen, stellen Tonkugeln dar (siehe hierzu 5.3). Diese enthalten bereits Dünger und geben diesen nur langsam an ihre Umgebung ab.

Rückwand

Steht das Aquarium an einer Wand, sollte man sich Gedanken über eine Rückwandgestaltung machen. Sie dient zum einen ästhetischen Zwecken, zum anderen können sich die Fische daran orientieren.
Die Rückwand kann außen mit einer wasserfesten Farbe bestrichen werden. Blau und Schwarz eignen sich hierfür recht gut. Der Nachteil dabei: Ist die Vorderseite des Aquariums einmal verkratzt, kann man das Becken nicht einfach drehen. Anstelle der Farbe lässt sich ebenso Plakatkarton anbringen, der zum Beispiel im Kunstunterricht von den Schülern selbst gestaltet wurde. Im Zoofachhandel sind bedruckte Rückwandfolien für alle Aquariengrößen erhältlich. Befestigt werden sie mit Sprühkleber oder Klebestreifen. Für etwas mehr Geld bieten Fachgeschäfte auch naturähnliche innere Rückwände an. Sie geben keine chemischen Stoffe an das Wasser ab und sind zum Teil sehr eindrucksvoll.

Dekoration

Im Zoofachgeschäft wird viel Dekorationsmaterial für das Aquarium angeboten. Bei der Auswahl sollte nicht die Optik, sondern die Nutzbarkeit für die Fische im Vordergrund stehen (z. B. Reviermarkierungen, Bruthöhlen, Versteckmöglichkeiten).
An Steinen können Basalt, Diorit, Gneis, Granit, Quarz und Schiefer ohne Bedenken verwendet werden. Benötigt man weiches Wasser, darf man auf keinen Fall Marmor, Dolomit oder Tuffstein

aus Quellregionen einsetzen. Diese Gesteine enthalten Kalk, geben ihn ans Wasser ab und härten es somit auf. Ob ein Gestein kalkhaltig ist, kann auch durch Auftropfen von Essigessenz oder Salzsäure geprüft werden. Ein Aufschäumen ist der Indikator für Kalk.
Möchten Sie größere, schwere Steine im Becken haben oder Steinaufbauten einrichten, sollten Sie eine Styroporplatte unterlegen. Befindet sich nämlich nur ein kleiner Kiesel unter dem großen Stein, auf den sich das Gewicht konzentriert, kann es zum Glasbruch in der Bodenscheibe kommen. Das Styropor darf jedoch keinerlei chemische Stoffe an das Wasser abgeben. Lassen Sie sich hierzu im Baumarkt beraten oder verwenden Sie für die Aquaristik geeignete Materialien aus dem Zoofachgeschäft.
Steinaufbauten sollten mit Silikonkleber gesichert werden. Manche Fische untergraben diese oder gestalten sie um. Dadurch besteht die Gefahr, dass die Steinaufbauten einstürzen, wodurch die Bodenscheibe brechen kann.
Auch verschiedene Hölzer eignen sich gut für das Aquarium. Sie dürfen jedoch nicht mit chemischen Zusätzen behandelt sein. Besonders zu empfehlen sind die in Fachgeschäften erhältlichen Mangrovenhölzer oder Moorkienholzwurzeln. Von selbst gesammelten Holzstücken aus dem Wald ist abzuraten, da diese nicht konserviert sind und im Wasser schimmeln bzw. faulen.
Vor der Verwendung im Aquarium sollten die Hölzer ausreichend in einem Eimer bzw. einer Wanne gewässert werden, um sie von Gerb- und Farbstoffen sowie von Lufteinschlüssen zu befreien.

Dekorationsgegenstände aus Kunststoff sollten aquarientauglich sein. Als Materialien eignen sich Acrylglas, Makrolon, Polyamid (z. B. Nylon, Perlon), Polyethylen, Polystyrol, Polyurethan (PUR) und Polyvinylchlorid (PVC). Gegenstände aus gebranntem Ton können jederzeit verwendet werden (siehe 5.4). Auch Blumentöpfe aus Ton oder eine halbierte Kokosnuss sind möglich.
Alle erwähnten Dekorationsgegenstände sollten einige Minuten mit Wasser abgekocht werden, bevor sie in das Klassenaquarium eingebracht werden.

Futterautomat

Ein Futterautomat ist nicht zwingend notwendig, kann aber in den Ferien hilfreich sein (siehe 4.7). Generell müssen Futterautomaten über dem Aquarium angebracht werden. Statt der netzbe-

Mit einem Futterautomaten lassen sich sogar die Sommerferien gut überbrücken.

triebenen Modelle rate ich aus Sicherheitsgründen zu solchen, die mit Batterien betrieben werden können. Hier ist natürlich darauf zu achten, dass die Energieträger noch genügend Leistung bringen.
Futterautomaten können nur mit lagerfähigem Futter bestückt werden, zum Beispiel mit Tabletten, Flocken oder gefriergetrocknetem Futter (siehe 4.2). Unter dem Futterautomaten darf sich kein Filterauslauf oder Ausströmer befinden, da das Futter durch die nach oben steigende Feuchtigkeit verkleben und dann nicht mehr vollständig in das Aquarium fallen könnte.

Fangnetz

Ein Fangnetz wird benötigt, um die Aquarienbewohner zu fangen. Das ist zum Beispiel dann nötig, wenn durch eine Vermehrung der Fische das Aquarium überbesetzt ist oder wenn ein Tier aus Versehen beim Wasserwechsel in den Eimer gesaugt wurde und man es zurücksetzen möchte. Die Größe des Netzes richtet sich nach der Größe der Fische.

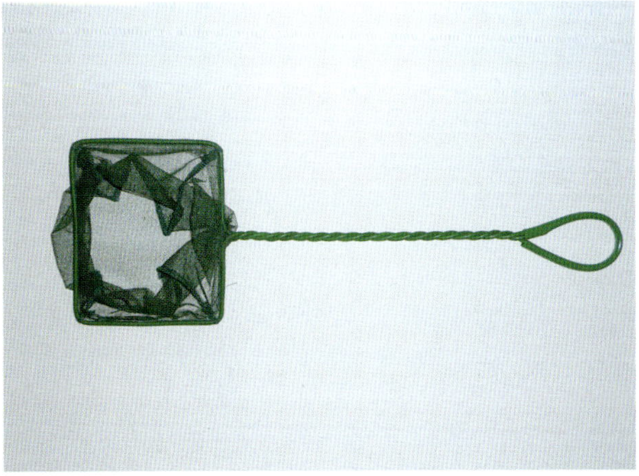

Fangnetz

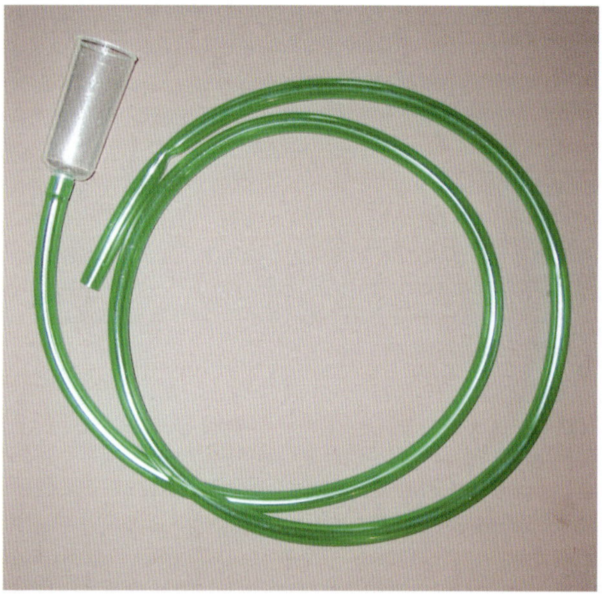

Mulmglocke

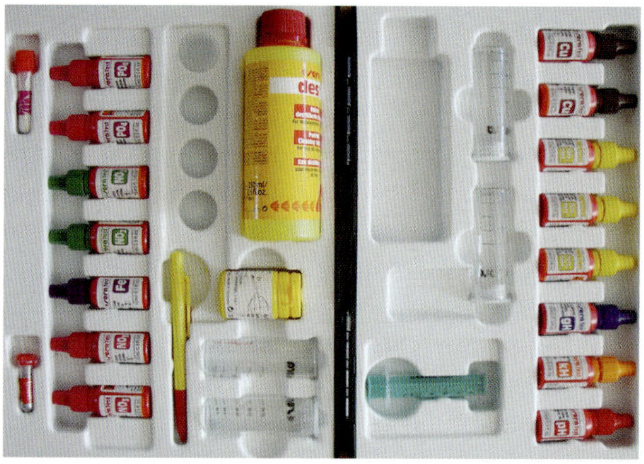

Reagenzienset zur Bestimmung der Wasserwerte

Mulmglocke

Eine Mulmglocke findet ihre Verwendung beim Wasserwechsel (siehe 4.3). Sie besteht aus hartem Kunststoff und ist mit einem Schlauch verbunden, der das abgesaugte Wasser in den Eimer befördert.

Reagenzienset zur Bestimmung der Wasserwerte

Präzise Messungen lassen sich am besten mit flüssigen Reagenzien bewerkstelligen. Diese kann man einzeln kaufen oder in größeren Sets, die auf Dauer gesehen wesentlich günstiger sind. Beachten muss man lediglich das aufgedruckte Verfallsdatum. Sind die Chemikalien abgelaufen, können falsche Messergebnisse die Folge sein. Es gibt auch Messstreifen, mit denen gleich mehrere Faktoren auf einmal gemessen werden können. Die damit gemessenen Werte sind allerdings recht ungenau.

Eimer und Lappen

Die verwendeten Eimer und Lappen dürfen nur für Aquarienzwecke verwendet werden. Am besten beschriftet man sie und sperrt sie anschließend in einen Schrank, in dem ausschließlich Aquarienmaterial aufbewahrt wird. Sonst kann es passieren, dass zum Beispiel ein Putzmittel in die Eimer gelangt und dies beim anschließenden aquaristischen Gebrauch zum Tod der Fische führt.

2.3 Geeignete Pflanzen für das Klassenaquarium

Pflanzen leisten im Aquarium wertvolle Dienste. Sie bauen Abfallprodukte ab, liefern Sauerstoff für die Fische, teilen das Becken in Reviere ein, bieten Versteck- und Ablaichmöglichkeiten oder dunkeln das Aquarium für lichtscheue Bewohner ab. Zudem erfüllen sie einen dekorativen Zweck.

Für das Klassenaquarium eignen sich Gewächse, die zum einen einfach und kostengünstig zu beschaffen sind, zum anderen gewisse Temperatur- und Wasserwertschwankungen vertragen können. In der folgenden Übersicht werden einige Beispiele vorgestellt.

Name ***(Lat. Name)***	**Temp. in °C**	**Lichtbedarf**	**Wuchshöhe in cm**	**Bepflanzungsort**	**Sonstiges**
Bastard-Wasserkelch *(Cryptocoryne walkeri x nevillii)*	25–28	mittel	2–7	Vordergrund	langsame Vermehrung
Indischer Sumpffreund *(Limnophila indica)*	25–28	hell bis sehr hell	80	Hintergrund	verträgt keine Veralgung
Javamoos *(Vesicularia dubyana)*	18–30	hell	1	Oberfläche (Schwimmpflanze)	kann auf Wurzeln und Steinen aufgebunden werden
Madagassisches Fettblatt *(Bacopa madagascariensis)*	24–28	mittel bis hell	bis 100	Hintergrund	
Sumatrafarn *(Ceratopteris thalictroides)*	22–28	hell bis sehr hell	35	Mitte oder Oberfläche (Schwimmpflanze)	schnellwüchsig, muss oft zurückgeschnitten werden
Sumpfschraube *(Vallisneria spiralis)*	18–30	hell bis schattig	60	Hintergrund	anspruchslos
Teichlebermoos *(Riccia fluitans)*	15–30	hell bis sehr hell	1	Oberfläche (Schwimmpflanze)	kann auf Wurzeln und Steinen aufgebunden werden
Wasserähre *(Aponogeton sp.)*	20–28	hell	bis 60	Mitte oder Hintergrund	anspruchslos
Wasserpest *(Egeria densa)*	20–24	mittel bis hell	200	Hintergrund	schnellwüchsig
Zwergspeerblatt *(Anubias barteri var. nana)*	22–28	schattig	3–8	Vordergrund	anspruchslos, langsam wachsend

Pflanzen brauchen ihre Pflege! Sie müssen regelmäßig gekürzt und ausgelichtet werden. Durch den bei der Beckeneinrichtung eingebrachten Nährboden ist die Nährstoffversorgung für das erste Jahr abgedeckt. Danach kann mit Tonkugeln gezielt nachgedüngt werden (siehe 5.3). Für Schwimmpflanzen und Gewächse, die auch im offenen Wasser Wurzeln ausbilden, ist eine gelegentliche Zugabe von speziellem Flüssigdünger für Aquarienpflanzen zu empfehlen. Er darf kein Nitrat (NO_3) oder Phosphat (PO_4) enthalten, da diese Stoffe als Abfallprodukte bereits ausreichend im Aquarienwasser vorhanden sind.

Wasserpflanzen benötigen für ihr Wachstum Kohlenstoffdioxid (CO_2), das wiederum bei der Atmung der Fische anfällt. Erfahrungsgemäß lässt sich mit anspruchslosen Gewächsen eine schöne Bepflanzung im Klassenaquarium realisieren, die keine zusätzliche CO_2-Düngung benötigt. Möchten Sie aber anspruchsvolle Pflanzen oder eine besonders starke Begrünung in ihrem Becken haben, reicht die CO_2-Zufuhr durch die Fische nicht mehr aus. Dann ist der Bau einer Bio-CO_2-Anlage empfehlenswert (siehe Anleitung in 5.2). Es gibt für eine CO_2-Düngung auch professionelle Anlagen mit Gasflaschen; diese sind im Vergleich dazu sehr teuer, garantieren jedoch eine kontinuierliche Kohlenstoffversorgung.

Oben: Der Aquariumdienst kürzt zu lange Pflanzen und dünnt den Bestand aus.

Rechts: Die Pflanzen werden zunächst von den beiden Mädchen zur Bepflanzung vorbereitet und anschließend von den Jungen in den Bodengrund eingebracht.

2.4 Geeignete Fische für das Klassenaquarium

Bei der Auswahl der Fische für das Klassenaquarium müssen verschiedene Faktoren wie Anzahl, Größe und Bedürfnisse der Tiere in Betracht gezogen werden.

Die Frage nach der Anzahl der Fische, die in einem Aquarium gehalten werden sollten, lässt sich nicht pauschal beantworten. Die Anzahl hängt immer auch von der Art der Fische ab, für die man sich entscheidet. Generell lässt sich jedoch sagen: **Je weniger Fische, desto besser!**

Sind zu viele Tiere im Aquarium, können die Abfallprodukte nicht mehr ausreichend im Filter abgebaut werden. Ein zu dichter Bestand löst auch häufiger Revierstreitigkeiten oder Stresssituationen aus, die bei einzelnen Individuen zu Krankheit und unter Umständen zum Tod führen können. Alles in allem fühlen sich die Fische in überbesetzten Becken nicht wohl. Dieser Aspekt lässt sich fächerübergreifend sowohl in Biologie als auch in Religion/Ethik ansprechen. Im Mathematikunterricht kann man anschließend ganz konkret die maximale Anzahl errechnen. Hierbei wird folgendermaßen vorgegangen:

1. Zunächst wird der Inhalt des Aquariums berechnet.

   Beispiel: Maße des Beckens (Länge x Breite x Höhe)

   80 cm x 35 cm x 40 cm = 112 dm^3 = 112 l (Bruttoinhalt)

2. Davon werden pauschal 20 % für Nährboden, Kies, Dekorationsgegenstände, ggf. Innenfilter, Stabheizer, Thermometer, Pflanzen, Fische, den oberen Rand (kein Aquarium wird bis zum Rand gefüllt) usw. abgezogen.

   Beispiel: 20 % von 112 l = 22,4 l

   112 l – 22,4 l = 89,6 l ≈ 90 l (Nettoinhalt)

3. Nun wird berechnet, wie viele Fische in das Becken aufgenommen werden sollen (proportionale Zuordnung). Für jeden Zentimeter ausgewachsenen Fisch rechnet man 1 Liter Wasser.

   Beispiel:
   - 2 männliche und 4 weibliche Black Mollys *(Poecilia sphenops)* Endgröße: ca. 6 cm
   - 2 männliche und 4 weibliche Sterbas-Panzerwelse *(Corydoras sterbai)* Endgröße: ca. 8 cm

   Berechnung: 6 x 6 cm + 6 x 8 cm = 84 cm

   Rest: 6 cm (= Pufferzone für Nachwuchs, der sich bei Black Mollys sehr schnell einstellen wird)

Bei diesem Beispiel wird deutlich: Will man die Fische artgerecht halten (Black Mollys und Panzerwelse immer gruppenweise), so ist das Aquarium schnell „voll“.

Die Schüler neigen dazu, möglichst viele unterschiedliche Fische in ein Becken „stopfen“ zu wollen, weil sie schön aussehen. Daher ist es wichtig, dass sie sich schon in der Vorbereitungsphase gründlich mit den verschiedenen Fischen und deren Anforderungen auseinandersetzen. Gegebenenfalls muss auch die Lehrkraft einschreiten und den Schülern verständlich machen, dass die Fische sich nur dann wohlfühlen, wenn sie genügend Platz haben und die für sie notwendigen Lebensbedingungen vorfinden (hier: Gruppenhaltung; wichtig sind aber auch die Wasserhärte und der pH-Wert des Wassers). Bei uns Menschen ist es schließlich auch nicht anders!

Für die maximale Länge der zu pflegenden Fische gibt es ebenfalls eine Faustformel: Das Becken sollte mindestens zehnmal so lang sein wie der ausgewachsene Fisch.

Bei der Vergesellschaftung von Fischen sollte darauf geachtet werden, dass diese nach Möglichkeit verschiedene Wasserschichten bevorzugen. So halten sich die Black Mollys meistens in den oberen und mittleren Regionen auf, die Panzerwelse hingegen sind reine Bodenbewohner.

In der folgenden Übersicht werden einige Fische vorgestellt, die leicht zu halten sind und die man oft zu günstigen Preisen in Aquaristikfachgeschäften findet.
Die unter Aquarianern sehr beliebte Gruppe der Buntbarsche empfehle ich nicht für die Haltung in einem Klassenaquarium. Buntbarsche sind zwar schöne Tiere mit einem interessanten Verhaltensrepertoire, deren Haltung setzt allerdings einige Aquaristik-Erfahrungen voraus. Guppys hingegen eignen sich außerordentlich gut für ein Klassenaquarium. Es gibt sie in den unterschiedlichsten Zuchtformen (Farben, Schwanzformen), sie sind friedlich und vermehren sich leicht.

Zusammenfassung:

Fischbesatz
- Je weniger Fische gehalten werden, desto besser!
- Faustregel für das Aquarium: Nettoinhalt = 80 % des Bruttoinhaltes
- Jeder Zentimeter eines ausgewachsenen Fisches benötigt 1 Liter Wasser (evtl. Pufferzone für Jungfische einrechnen).
- Das Becken sollte ca. zehnmal so lang sein wie der darin zu pflegende Fisch.
- Fische müssen artgerecht gehalten werden (Wasserwerte, Temperatur, Sozialverhalten) und zueinander passen!

Name *(Lat. Name)*	**Endgröße in cm**	**Temp. in °C**	**pH-Wert/ Gesamthärte**	**Beckenmindestvolumen in l**	**Sonstiges**
Black Molly *(Poecilia sphenops)*	6	18–28	6,5–8,5/ 12–30	100	Gruppenhaltung, mehr Weibchen als Männchen
Blauer Antennenwels *(Ancistrus sp.)*	14	23–27	6–8/ 3–25	100	frisst Algen
Brokatbarbe *(Puntius semifasciolatus)*	7	20–24	6–8/ 0–20	100	Gruppenhaltung
Fünfgürtelbarbe *(Puntius pentazona)*	5	26–29	5,5–7/ 0–12	50	Gruppenhaltung
Glühlichtsalmler *(Hemigrammus erythrozonus)*	4	23–26	5,5–8/ 3–8	50	Gruppenhaltung
Guppy *(Poecilia reticulata)*	6	24–30	6–8,5/ 0–30	50	Gruppenhaltung, mehr Weibchen als Männchen
Honiggurami *(Colisa chuna)*	5	22–28	6–8/ 0–15	50	Haltung paarweise, mit ruhigen Fischen
Keilfleckbärbling *(Trigonostigma heteromorpha)*	4,5	23–28	6–8/ 0–10	50	Gruppenhaltung

Name ***(Lat. Name)***	**Endgröße in cm**	**Temp. in °C**	**pH-Wert/ Gesamthärte**	**Beckenmindestvolumen in l**	**Sonstiges**
Neonsalmler *(Paracheirodon innesi)*	4	20–26	4,5–8/ 0–10	50	Gruppenhaltung
Panzerwelse verschiedene Arten *(Corydoras sp.)*	5–8	18–28 (je nach Art)	5,5–8,5/ ab 3	50	Gruppenhaltung
Platy *(Xiphophorus maculatus)*	6	21–25	7–9/ 5–25	50	Gruppenhaltung
Roter Neon *(Paracheirodon axelrodi)*	4	23–27	5–7/ 0–5	50	Gruppenhaltung
Schwertträger *(Xiphophorus hellerii)*	12	22–28	6,5–8,5/ 10–30	150	ein Männchen mit mehreren Weibchen
Zebrabärbling *(Danio rerio)*	6	23–27	5,5–8,5/ 0–25	100	Gruppenhaltung
Zwergfadenfisch *(Colisa lalia)*	6	24–28	6–8/ 0–15	50	Haltung paarweise, mit ruhigen Fischen

Sterbas-Panzerwels

Black Molly © Anthony Terceira

Blauer Antennenwels

Schwertträger

Neonsalmler

Roter Neon

Glühlichtsalmler © Anthony Terceira

Guppy (Männchen) © Przemyslaw Malkowski

3. Das Klassenaquarium einrichten

3.1 Arbeitsplan

Sind die Vorbereitungen abgeschlossen, kann mit dem Einrichten des Aquariums begonnen werden. Die folgende Übersicht soll Ihnen helfen, die anstehenden Arbeiten zeitlich in den Unterrichtsalltag einzugliedern. Ausgegangen wird von einem Becken mit 80 cm Kantenlänge (ca. 110 Liter).
Die mögliche Vernetzung der Arbeit mit weiteren unterrichtlichen Lernzielen ist vielseitig und kann – je nach Rahmenbedingungen an Ihrer Schule und Interessen der Schüler – sehr unterschiedlich ausfallen. Aus diesem Grund beschränkt sich der hier beschriebene Zeitrahmen lediglich auf das Einrichten des Aquariums. Ein fächerübergreifender Ansatz ist jedoch dringend anzuraten, um die gesamte Klasse so stark wie möglich in das Projekt einzubinden.

	Vorgang	Beteiligte Schüler	Dauer	Benötigtes Material
Schritt 1	das Becken aufstellen	4	60 Min.	Aquarienbecken, Wasserwaage, Styropor- oder Schaumstoffunterlage, 1–2 Eimer, Lappen, Rückwand, Tesafilm
Schritt 2	den Bodengrund einbringen und das Becken befüllen	4	30 Min.	Styroporunterlage (bei Verwendung großer Steinbrocken), Nährboden, Kies, 1–2 Eimer, Teller
Schritt 3	dekorieren und bepflanzen	1–2	10 Min.	Pflanzen, Schere
Schritt 4	die Technik installieren	1–2	10 Min.	Filter, Thermometer, Stabheizer, Leuchtstoffröhren, Zeitschaltuhr, ggf. Mehrfachstecker, Wasseraufbereiter
Schritt 5	das Aquarium einfahren lassen und den Schrank bestücken	ges. Klasse (Gruppenarbeit)	4 Wo.	Futter, Medikamente, Messreagenzien, Ordner mit Protokolllisten, Nachschlagewerke
Schritt 6	die Wasserwerte prüfen	1 Schüler oder ges. Klasse (Gruppenarbeit)	15–45 Min.	Messreagenzien
Schritt 7	Fische einsetzen	unterschiedlich (s. u.)	45 Min.	Fische, Glas oder Becher zum Wasserschöpfen

3.2 Das Vorgehen Schritt für Schritt

Schritt 1: Das Becken aufstellen

Als Erstes muss man sich vergewissern, ob der Standort richtig gewählt wurde und die Unterlage waagerecht ist (siehe 2.1). Anschließend wird eine Styropor- oder Schaumstoffunterlage unter das leere Aquarium gelegt. Das Becken wird nun mit lauwarmem Leitungswasser gefüllt und über ein bis zwei Stunden auf Dichtigkeit geprüft. Bei dieser Gelegenheit kann man Kleberückstände von Preisschildern oder anderen Aufklebern entfernen und die Scheiben noch einmal innen und außen säubern. (Nur mit Wasser! Keine Reinigungsmittel verwenden!) Anschließend wird das Wasser wieder abgesaugt und die Rückwand gestaltet.

Mit der Wasserwaage wird kontrolliert, ob das Aquarium waagerecht aufgestellt wurde.

Zwischen dem Unterschrank (hier selbstgebaut) und dem Becken muss immer eine Styropor- oder Schaumstoffunterlage liegen, um kleinere Unebenheiten auszugleichen.

Langsam wird das Wasser eingefüllt und das Becken auf seine Dichtigkeit überprüft. Anschließend wird es gereinigt.

Die Rückwand wird gestaltet. Hier wurde eine blaue Folie aufgeklebt.

Schritt 2: Den Bodengrund einbringen und das Becken befüllen

Verwendet man schwere Steinbrocken, werden diese jetzt mit ihrer Styroporunterlage ins Becken gestellt (siehe 2.2). Dann wird der Nährboden eingebracht. Den Kies wäscht man zunächst in einem separaten Eimer und schüttet ihn dann vorsichtig über den Nährboden. Nun legt man einen Teller in die Mitte des Beckens und gießt langsam das lauwarme Wasser darauf. Dadurch wird eine Aufschwemmung des Bodengrundes verhindert.

Parallel dazu können die Dekorationsgegenstände in heißem Wasser abgekocht werden.

Beim Befüllen des Aquariums verwendet man einen Teller, um das Aufschwemmen des Bodengrundes zu verhindern.

Schritt 3: Dekorieren und bepflanzen

Die Dekorationsgegenstände werden im Aquarium angeordnet. Anschließend wird das Becken bepflanzt. Vorab werden die Pflanzen sorgfältig unter lauwarmem Wasser abgewaschen, um keine ungewollten Schnecken einzuschleppen. Die Wurzeln kürzt man etwa um die Hälfte, da sie sonst abfaulen. Mit dem Finger wird ein Loch in den Bodengrund gebohrt und die Pflanze tief hineingesteckt. Damit die Wurzeln nach unten wachsen, muss die Pflanze wieder etwas nach oben gezogen werden. Um eine ästhetische Wirkung zu erzielen, setzt man kleine Gewächse in den Vordergrund, mittelhohe in die Mitte und große nach hinten. Schwimmpflanzen werden einfach auf die Wasseroberfläche gelegt und Aufbindpflanzen mit einem (transparenten) Faden an dem jeweiligen Stein oder Holzstück befestigt.

Wird das Klassenaquarium als Raumteiler aufgestellt, setzt man hohe und mittelhohe Pflanzen in die Mitte und kleine auf beiden Seiten in den Vordergrund des Beckens.

Schritt 4: Die Technik installieren

Jetzt wird die Technik angebracht: der Wasserfilter, das Thermometer, der Stabheizer und die Leuchtstoffröhren mit Zeitschaltuhr. Erst wenn alle Geräte im Aquarium ihren Platz gefunden haben, richtig ausgerichtet und eingestellt sind, werden sie mit Strom versorgt.

Nun kann die notwendige Menge des Wasseraufbereiters zugegeben werden (siehe 4.3).

Schritt 5: Das Aquarium einfahren lassen und den Schrank bestücken

In den nächsten vier Wochen muss das Becken zunächst einmal „einfahren". In dieser Phase entwickeln sich im Filtermaterial die notwendigen Bakterien (siehe 2.2). Dabei kann es zu einer starken Trübung des Wassers durch Algen kommen. In diesem Fall sollte die Beleuchtung so lange ausgeschaltet werden, bis die Trübung wieder verschwunden ist. Die Bakterienentwicklung sowie die Aquarienpflanzen werden dadurch normalerweise nicht beeinträchtigt.

Diese Zeit kann prima genutzt werden, um den Materialschrank mit Futter, Medikamenten, Messreagenzien für die Kontrolle der Wasserwerte, einem Ordner für die Protokolllisten (siehe Kopiervorlagen) oder ausgewählten Nachschlagewerken (siehe Anhang) zu bestücken.

Zudem sollten im Chemieunterricht die Werte des Leitungswassers (pH-Wert, Gesamthärte) bestimmt werden, um den passenden Besatz zu planen.

Im Biologieunterricht recherchieren einzelne Schülergruppen Besatzmöglichkeiten und informieren ihre Klassenkameraden in Form eines kurzen Referates. Anschließend entscheidet sich die Klasse für einen Vorschlag.

Schritt 6: Die Wasserwerte prüfen

Nach den vier Wochen werden die Wasserwerte (Ammonium, Ammoniak, Nitrit, Nitrat) geprüft (siehe 4.3), um festzustellen, ob das Becken schon „eingefahren" ist. Sind sie noch nicht optimal, sollte man noch etwas warten, da bei einem zu frühen Besatz die Fische sterben könnten.

Schritt 7: Fische einsetzen

Sind die Wasserwerte in Ordnung, können die Fische in ihr neues Zuhause ziehen.

Werden die Aquarienbewohner von Schülern aus dem Heimaquarium mitgebracht, ist darauf zu achten, dass der Transportweg möglichst stressfrei ist. Die Tiere sollten nicht länger als zwei bis drei Stunden im Transportbeutel gehalten werden. Am besten ist es, wenn die Schüler mit den Fischen an diesem Tag im Auto in die Schule gebracht werden und nicht mit dem Bus, der Bahn oder mit dem Fahrrad fahren. Zudem sind die Wintermonate zu meiden, da die Fische sonst durch die niedrige Außentemperatur zu stark auskühlen.

Werden die Tiere von den Schülern am Nachmittag gekauft, müssen sie zeitnah ins Klassenaquarium eingesetzt werden, d. h. noch am selben Nachmittag. Möchten Sie die Tiere am Vormittag mit der gesamten Klasse kaufen und anschließend gemeinsam ins Becken setzen, kann der Besuch im Zoofachgeschäft durchaus mit einer Betriebserkundung verbunden werden, bei der die Schüler im Rahmen der Berufsorientierung etwas über die verschiedenen Berufe in dieser Branche erfahren oder Verkaufsstrategien (z. B. Anordnung der Waren in den Regalen, Aufbau des Ladens) erkunden können.

Sind die neuen Bewohner schließlich in der Schule angekommen, klemmt man die Transportbeutel in die Abdeckung des Aquariums. Sie können auch mit einer Wäscheklammer am oberen Rand der Glasscheibe befestigt werden. Nun kann sich nach und nach die Wassertemperatur im Beutel anpassen. Damit sich die Fische an das neue Wasser langsam gewöhnen können, gießt man das Aquarienwasser portionsweise in den Beutel. Hierbei sollte die Beleuchtung ausgeschaltet sein. Die Fische sind dann ruhiger. Enthält der Beutel je zur Hälfte Transport- und Aquarienwasser, können Sie nach ca. einer Stunde die Tüte aus dem Aquarium nehmen und über einem Fangnetz in einen Eimer ausschütten. Die Fische fallen in den Kescher und werden anschließend vorsichtig in das Becken überführt. Diese Vorgehensweise hat den Vorteil, dass Krankheitserreger, die sich möglicherweise im Transportwasser befinden, nicht ins neue Becken eingeschleppt werden.

Nach vier Wochen ist der Filter normalerweise „eingefahren", die Pflanzen gut angewachsen und die Fische können in ihr neues Zuhause einziehen.

Um ganz sicher zu sein, dass nur gesunde Fische ins Aquarium gelangen, muss man sie vorher für vier bis acht Wochen in ein Quarantänebecken setzen. Hierfür wird jedoch ein zweites Aquarium benötigt, was in der Schule meist nicht der Fall ist.

Übrigens bietet das Einrichten eines Klassenaquariums einen authentischen und aktuellen Schreibanlass, z. B. für eine Vorgangsbeschreibung.

Zusammenfassung:

Einrichten des Klassenaquariums

- Schritt 1: Das Becken aufstellen
- Schritt 2: Den Bodengrund einbringen und das Becken befüllen
- Schritt 3: Dekorieren und bepflanzen
- Schritt 4: Die Technik installieren
- Schritt 5: Das Aquarium einfahren lassen und den Schrank bestücken
- Schritt 6: Die Wasserwerte prüfen
- Schritt 7: Fische einsetzen

4. Das Klassenaquarium pflegen

Ist das Klassenaquarium eingerichtet, fallen in regelmäßigen Abständen Pflegearbeiten an, die von den Schülern erledigt werden müssen. Neben der richtigen Fütterung müssen die Geräte geprüft, die Wasserqualität überwacht und Reinigungsarbeiten vorgenommen werden.
Während des Unterrichts ist dies meist nicht möglich. In der Praxis hat sich ein „Expertenteam“ aus drei bis vier Schülern bewährt, die zuverlässig ein Schuljahr lang in der Viertelstunde vor Unterrichtsbeginn oder in der Pause die Arbeiten verrichten (siehe 1.). Bei Ganztagesklassen kann dies auch während der Freizeit geschehen.
Mit dem Versuch, die ganze Klasse bei den Pflegearbeiten zu integrieren, habe ich keine guten Erfahrungen gemacht; leider fühlte sich dann kein Schüler wirklich verantwortlich für das Becken.
Müssen neue Anschaffungen gemacht werden (z. B. Futter), muss das „Expertenteam“ natürlich mit den Schülern kooperieren, welche die Klassenkasse verwalten. Bei größeren Anschaffungen (z. B. einer Leuchtstoffröhre) muss gegebenenfalls eine Klassenkonferenz einberufen und die Finanzierung geklärt werden.
Je nach Alter und Reife der Schüler sollte der Lehrer die Aquarienpflege mehr oder weniger häufig kontrollieren. In regelmäßigen Abständen (z. B. jeden Monat) sollte er nach dem Rechten sehen und prüfen, ob es den Fischen gut geht, die Wassertemperatur stimmt und die Zeitschaltuhr nicht verstellt wurde. Regelmäßige Arbeiten können vom „Expertenteam“ nach einer Einführung durch den Lehrer und mithilfe eines Pflegeplans (Kopiervorlage S. 48 f.) selbstständig erledigt werden. An viertel-, halb- oder jährliche Arbeiten sollte der Lehrer die Schüler erinnern, da sie daran von alleine oft nicht denken.
Lässt es der Stundenpool zu, ist auch eine Aquaristik-AG denkbar. Hierbei sollte es jedoch nicht ausschließlich um die Betreuung eines Beckens, sondern vor allem um die Vertiefung einzelner Aspekte der Aquaristik gehen. Dies kann auch im Rahmen des Ausbaus zu Ganztagesklassen oder -schulen geschehen.

Das „Expertenteam“ führt einen Teilwasserwechsel durch.

4.1 Pflegeplan

Folgende Pflegearbeiten müssen regelmäßig erfolgen (vgl. Hieronimus 2006, S. 23):

Täglich	– Fütterung – Heizung, Temperatur, Filter und ggf. Belüftung kontrollieren – Verhalten der Fische beobachten (krank?) – ggf. tote Fische entfernen
Wöchentlich	– Wasserwechsel (ca. 20–30 %) und Mulm absaugen – verdunstetes Wasser auffüllen – Zeitschaltuhr kontrollieren (Funktioniert sie? Wurde sie verstellt?)
Monatlich	– dichte Pflanzenbestände auslichten – Algen entfernen – Innenfilter reinigen (falls diese Filterart verwendet wird) – ggf. Flüssigdünger für Pflanzen zugeben
Vierteljährlich	– elektrische Zuleitung auf Schäden prüfen – Luft- und Filterschläuche kontrollieren – Wasserwerte kontrollieren
Halbjährlich	– Außenfilter reinigen (falls diese Filterart verwendet wird)
Jährlich	– Bodengrund mit Düngekugeln aus Ton nachdüngen – Leuchtstoffröhren auswechseln (spätestens nach zwei Jahren)

Auf Seite 48 f. findet sich eine Checkliste der Aquarien-Pflegearbeiten, in die alle vorgenommenen Pflegearbeiten eingetragen werden können.

4.2 Fütterung

Generell darf nur so viel Futter verabreicht werden, wie in fünf Minuten gefressen wird. Reste liegen am Bodengrund und wirken sich negativ auf die Wasserqualität aus. Das Futter sollte immer mit den Fingern, einer Futterzange oder einem Portionierungslöffel verabreicht werden. Schüttet man die Nahrung direkt aus der Dose ins Wasser, fällt häufig zu viel Futter heraus. In diesem Fall sollte zunächst versucht werden, das Futter mit dem Fangnetz möglichst schnell wieder aus dem Becken zu entfernen. Auch ist ein anschließender Teilwasserwechsel sinnvoll (siehe 4.3).
Für ausgewachsene Fische genügen eine bis zwei Fütterungen am Tag. Jungtiere sollten in kleinen Mengen bis zu fünfmal täglich Futter erhalten.
Die Kost richtet sich natürlich nach den Aquarienbewohnern. Pflanzenfresser, wie z. B. der Blaue Antennenwels, müssen genügend vegetarische Nahrung bekommen. Bodenbewohnende Fische kommen nicht an jedes Futter heran, da es bereits von den in oberen und mittleren Wasserschichten lebenden Bewohnern vertilgt wird. Für sie gibt es spezielle Futtertabletten, die auf den Grund sinken.
Zwar kann man Fische mit ausschließlich Flockenfutter am Leben halten, gesünder für die Tiere ist jedoch ein abwechslungsreicher Speiseplan.

Flockenfutter

Das Flockenfutter ist wohl die am weitesten verbreitete Nahrung für Aquarienfische. Diese Futterart schwimmt an der Wasseroberfläche und sinkt erst nach und nach langsam zu Boden.
Flockenfutter ist relativ preisgünstig und enthält alle lebensnotwendigen Nährstoffe, Vitamine, Mineral- und Ballaststoffe. Für vegetarische Fische gibt es spezielle Flocken mit einem höheren Pflanzenanteil.
Die Füllmenge der Dosen sollte sich nach der Anzahl der zu pflegenden Fische richten. Ist das Verfallsdatum abgelaufen oder stehen die Gefäße schon länger offen, verflüchtigen sich die Vitamine und die Qualität des Futters nimmt ab. Die Flocken werden in unterschiedlichen Größen angeboten (je nach Fischmaul). Für Jungfische gibt es zwar spezielles Aufzuchtfutter, die meisten können jedoch auch mit zerriebenem Flockenfutter ernährt werden.

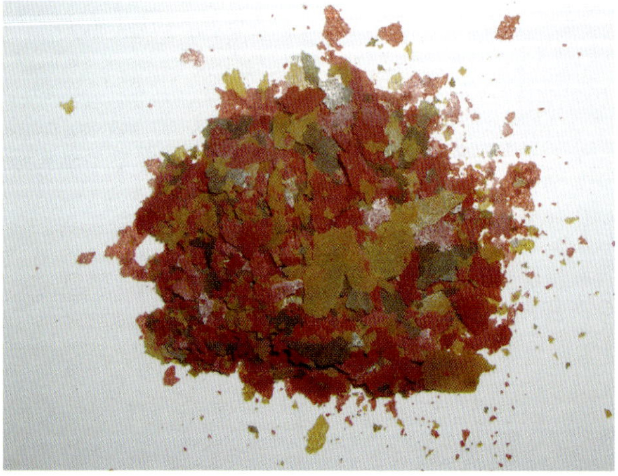

Flockenfutter ist günstig und wird von vielen Fischen gerne gefressen.

Futtertabletten

Futtertabletten enthalten die gleichen Inhaltsstoffe wie das Flockenfutter, jedoch in gepresster Form. Im Wasser lösen sie sich langsam auf, sodass die Fische einzelne Futterstücke herauszupfen können. Wie das Flockenfutter gibt es auch die Tabletten mit einem erhöhten Pflanzenanteil.

Futtertabletten, z. B. für am Boden lebende Welse

Die Tabletten drückt man an die Aquarienscheibe oder lässt sie einfach zu Boden fallen. Vor allem die am Boden lebenden Welse lassen sich so gut ernähren.

Frisches Pflanzenfutter

Fischen, die vegetarisches Futter bevorzugen, kann auch Gemüse gegeben werden. So bieten sich Gurken- oder Zucchinischeiben, Kopfsalat oder Spinat an. Sie sollten jedoch unbedingt aus biologischem Anbau stammen. Wenn Gemüsereste nach etwa 24 Stunden beginnen sich aufzulösen, sollten sie aus dem Aquarium genommen werden, da das Wasser mit den Abbauprodukten sonst unnötig belastet wird.

Gefriergetrocknetes Futter: Tubifex (Schlammröhrenwürmer)

Links: Lebendfutter tiefgefroren; rechts: Lebendfutter aufgetaut. Es handelt sich hier um Rote Mückenlarven.

Gefriergetrocknetes Futter

Auch diese Futterart ist recht kostengünstig. Die Brocken schwimmen oben und eignen sich dadurch vor allem für die Ernährung an der Wasseroberfläche lebender Fische.

Lebendfutter

Lebende Futtertiere sind kein Muss, für carni- bzw. omnivore Fische jedoch die reizvollste Nahrungsquelle. Sie sollten keinesfalls aus einem Teich gefischt werden, da man sonst leicht Krankheiten ins Aquarium einschleppt. Der Zoofachhandel bietet eine breite Palette an Futtertieren an, die ohne dieses Risiko verfüttert werden können. Allerdings sind sie auf Dauer gesehen nicht gerade billig und es muss eine Lagerung im Kühlschrank erfolgen. Hier dürften spätestens einige Kolleginnen und Kollegen etwas dagegen haben, wenn Sie lebende Würmer neben den Nahrungsmitteln für die Pause aufbewahren … Alternativ können recht kostengünstig Zuchtansätze gekauft werden, mit denen problemlos und auch im Klassenzimmer Lebendfutter herangezogen werden kann.

Eingefrorenes Lebendfutter

Lebendfutter ist auch tiefgefroren in Form von Platten oder Würfeln im Zoofachhandel erhältlich. Nach dem Auftauen gibt man es ins Aquarium. Die Vitamine und Nährstoffe bleiben ein bis zwei Jahre erhalten. Da für die Aufbewahrung ein Tiefkühlfach benötigt wird, sollte vorher mit den Kolleginnen und Kollegen gesprochen werden.

Egal, welches Futter Sie wählen: Es sollte möglichst in einem für den Aquariendienst zugänglichen Schrank oder in einer Schublade stehen. Steht die Futterdose direkt neben dem Aquarium, geraten manche Schüler (auch aus anderen Klassen) zu sehr in Versuchung, die Fische zusätzlich zu füttern. Unbemerkte Überfütterung kann schnell die Wasserwerte und damit das Leben der Fische gefährden.

Zusammenfassung:

Fütterung

- Nur so viel füttern, wie in fünf Minuten von den Fischen gefressen wird!
- Ein- bis zweimal mal pro Tag füttern (Jungfische bis zu fünfmal)!
- Das Futter nie direkt aus der Dose ins Wasser schütten!
- Das Futter muss sich nach den Nahrungsansprüchen der Fische richten.
- Für ein abwechslungsreiches Futterangebot sorgen!
- Futter nie direkt neben das Aquarium stellen!

4.3 Wasserwerte und Wasserqualität kontrollieren

Zu den regelmäßigen Pflegearbeiten am Aquarium gehört auch, bestimmte Wasserwerte zu überprüfen und gegebenenfalls zu regulieren. Die für die Fischhaltung relevanten Bestandteile des Wassers werden im Folgenden kurz erläutert.

Ammonium (NH_4) und Ammoniak (NH_3)

Beim Abbau der Fischausscheidungen und des toten organischen Materials entsteht Ammonium. Dies ist nicht weiter gefährlich. Ein Teil des Ammoniums wird sogar von den Pflanzen als Nährstoffquelle benötigt, ein anderer Teil wird von Bakterien in Nitrit und dann in Nitrat umgewandelt. Entsteht jedoch zu viel Ammonium im Aquarium, z. B. infolge von Überfütterung oder durch Futterreste, kann es nicht schnell genug abgebaut werden und wandelt sich in das für Fische hoch giftige Ammoniak um. Bis etwa 0,02 mg/l Ammoniak gelten in eingefahrenen Aquarien noch als normal.
Gemessen wird der Ammoniumgehalt, um dann mithilfe einer Umrechnungstabelle (in den Testsets enthalten) den Ammoniakgehalt des Wassers zu ermitteln.
Stellt man einen zu hohen Ammonium- bzw. Ammoniakgehalt fest, kann man diesen durch einen Wasserwechsel senken. Zudem sollte überlegt werden, ob zu viel gefüttert wurde, ob der Filter ausreicht und ob der Fischbesatz zu hoch ist.

Nitrit (NO_2)

Ammoniak bzw. Ammonium wird im Filter durch Bakterien abgebaut. Dabei entsteht als Zwischenprodukt Nitrit. Dies ist bereits in einer Konzentration von 1 mg/l schädlich und ab 15 mg/l hoch giftig. Abhilfe schafft in diesem Fall ein Teilwasserwechsel.

Nitrat (NO_3)

Als Endprodukt eines gelungenen Abbaus von Fischausscheidungen, Futterresten usw. entsteht das Nitrat. Eine giftige Wirkung auf Fische oder Pflanzen konnte zwar nicht nachgewiesen werden, dennoch sollte der Wert nicht über 150 mg/l ansteigen, da bei Sauerstoffmangel Nitrat wieder zu giftigem Nitrit umgewandelt werden kann.
Die einfachste Möglichkeit, den Nitratwert zu senken, ist ein Teilwasserwechsel. Er setzt jedoch einen niedrigen Wert im Frischwasser voraus.

Kupfer (Cu)

Die meisten Fische und Pflanzen benötigen Kupfer in kleinen Mengen. Kupfer im Wasser kann z. B. aus den Leitungsrohren oder aus Fischmedikamenten stammen. Schon ab einer Konzentration von 0,03 mg/l ist Kupfer für Bakterien (im Filter) gefährlich. Die Konzentration muss also < 0,03 mg/l sein, was jedoch mit den aquaristischen Testsets nicht messbar ist. Deshalb wird in der Übersicht (siehe Seite 51) ein Sollwert von 0,0 mg/l angegeben.
Senken lässt sich der Wert durch einen Teilwasserwechsel, wobei das Frischwasser nicht selbst belastet sein darf.

Chlor (Cl_2)

Der Chlorwert kann mit den im Aquaristikhandel zur Verfügung stehenden Messsets nicht gemessen werden. Es ist nur wichtig zu wissen, dass man nach Chlor riechendes Wasser nicht verwenden darf („Riechtest"). Riecht es nach Hallenbad, ist Vorsicht geboten! Dann sollte man das Wasser nicht zum Befüllen des Aquariums verwenden, sondern einige Tage warten, bis es wieder ungechlort aus der Leitung kommt.
In der Regel ist in Deutschland keine gesonderte Kontrolle des Chlorwertes mit Reagenzien notwendig.

Eisen (Fe)

Eisen wird sowohl von den Fischen als auch von den Pflanzen benötigt. Fische nehmen es hauptsächlich über die Nahrung auf. Werte ab 1 mg/l sind für sie allerdings schädlich. Aquarienpflanzen benötigen 0,03 – 0,10 mg/l.
Zum Erhöhen des Eisenwertes verwendet man Aquarienpflanzen- bzw. Eisenflüssigdünger. Senken kann man ihn durch einen Teilwasserwechsel.

Gesamthärte (gH)

Die Gesamthärte wird hauptsächlich von den Mineralstoffen Calcium und Magnesium bestimmt und wird in °dGH (Grad deutscher Gesamthärte) gemessen.

	0 – 10 °dGH	=	weiches Wasser
	11 – 20 °dGH	=	mittelhartes Wasser
über	20 °dGH	=	hartes Wasser

Die Härte des Wassers ist ausschlaggebend für die Fische, die gehalten werden sollen. Guppys *(Poecilia reticulata)* fühlen sich in einem relativ großen Bereich von 0–30 °dGH wohl und sind daher als „Anfängerfische" für die Schule gut geeignet. Ein Erhöhen bzw. Senken der Gesamthärte ist zwar möglich, jedoch kompliziert.

Carbonathärte (kH)

Eine hohe Carbonathärte schützt vor einem schnellen Anstieg des pH-Wertes.
Auch hier ist ein Erhöhen bzw. Senken des Wertes zwar möglich, aber für die Aquarienhaltung in der Schule zu schwierig.

Phosphat (PO_4)

Phosphat gelangt über das Fischfutter oder über phosphathaltigen Pflanzendünger ins Wasser. Es wird von Fischen und Pflanzen zum Leben benötigt. Bei weniger als 0,02 mg/l gerät das Pflanzenwachstum ins Stocken. Eine Konzentration von 0,5 mg/l sollte nicht überschritten werden, weil dadurch das Algenwachstum begünstigt wird.
Der Phosphatwert kann durch einen Teilwasserwechsel gesenkt werden. Steigt er nach einiger Zeit erneut an, ist das Aquarium wahrscheinlich überbesetzt. Auf phosphathaltige Pflanzendünger sollte dann auch verzichtet werden.

pH-Wert

Der pH-Wert zeigt das Verhältnis von Säuren und Basen im Aquarienwasser an:

0 bis < 7	=	sauer
7	=	neutral
> 7 bis 14	=	alkalisch (basisch)

Bei Werten unter 5,5 oder über 9 kann es bei den Fischen zu Schäden kommen. Ein Erhöhen bzw. Senken des Wertes ist möglich, aber nicht ganz einfach.

Wasserwerte messen

Das Messen der Wasserwerte mithilfe von Flüssigreagenzien (siehe 2.2) lässt sich gut in den Chemie- und Biologieunterricht integrieren. Das Aquarium bietet den Schülern einen authentischen Anlass, um handlungsorientiert Grundkenntnisse über chemische Stoffe zu erwerben. Sie lernen chemische Vorgänge zu beschreiben und zu protokollieren. Gleichzeitig wird ihnen klar, dass durch den sachgemäßen Umgang mit Chemikalien Gefährdungen der Natur vermieden werden.
Die Werte des Leitungswassers sollten einmal zu Beginn analysiert werden. Nach den vier Wochen Einlaufzeit des Aquariums muss unbedingt eine Kontrolle des Beckenwassers stattfinden, damit man weiß, ob die Fische ohne Gefahr eingesetzt werden können.
Es gibt jede Menge Hobbychemiker, die ihre Werte wöchentlich kontrollieren. Dies ist nach meinen Erfahrungen nicht notwendig. Normalerweise reicht eine vierteljährlich durchgeführte Standardkontrolle der wichtigsten Werte (NH_3, NH_4, NO_2, NO_3, Fe, gH, PO_4, pH, kH), die für einen späteren Vergleich in einem Protokoll festgehalten werden muss (Kopiervorlage siehe Seite 52). Zusätzliche Kontrollen sind nur dann wichtig, wenn sich Veränderungen im Aquarium abzeichnen (z.B. wenn sich vermehrt Algen bilden oder Fische Zeichen des Unwohlseins zeigen) und man somit Ursachenforschung betreiben muss. Wird etwas an der Anlage geändert (z.B. Anschluss einer CO_2-Anlage), sind Messungen ebenfalls angebracht, um sicherzugehen, dass die Wasserwerte sich nicht zu Ungunsten der Fische verschieben.

Wasserwechsel

In der Literatur wird oft zwischen einem großen und einem kleinen Teilwasserwechsel unterschieden. Ein großer Teilwasserwechsel (Austausch von 50 % des Wassers) wird nach einer Medikamentenbehandlung oder zur Senkung verschiedener Wasserwerte durchgeführt. Mit einem kleinen Teilwasserwechsel ist der wöchentliche Austausch von bis zu einem Drittel des Beckeninhaltes gemeint. Zur Vereinfachung steht für beide im folgenden Abschnitt der Begriff „Wasserwechsel".
Zur Ausführung des Wasserwechsels verwendet man eine Mulmglocke. Das Schlauchende wird mit einem Finger zugehalten. In die breite Glocke lässt man Aquarienwasser fließen und hält sie anschließend nach oben, sodass es weiter zum Schlauch vordringt. Die Luftblasen können einfach entweichen. Anschließend wird die Glocke erneut mit Wasser aufgefüllt und in das Becken in Richtung Kies getaucht. Öffnet man nun das Schlauchende, strömt das Aquarienwasser in den darunterstehenden Eimer. Sorgsam wird beim Absaugen mit der Mulmglocke über den Kies gegangen. Abgestorbene Pflanzenteile, Fischkot und Futterreste werden abgesaugt. Ist man unaufmerksam, kann gelegentlich auch ein kleiner Fisch mit in den Eimer gezogen werden!
Statt des oben verwendeten Verfahrens wird in der Aquarienpraxis das Wasser oft mit dem Mund angesaugt. Zu bedenken ist jedoch, dass sich im

Wasser jede Menge Bakterien und Krankheitserreger befinden. Die Meinungen der Experten gehen auseinander, was die Ansteckungsgefahr für den Menschen zum Beispiel bei der weit verbreiteten Fischtuberkulose betrifft. Hier ist also Vorsicht geboten!

Wasseraufbereitungsmittel

Soll man nach jedem Wasserwechsel ein Wasseraufbereitungsmittel verwenden oder kann reguläres Leitungswasser verwendet werden? Auch bei dieser Frage sind sich die Experten nicht einig. Da man nie genau weiß, wie viel Chlor und Schwermetalle im Leitungswasser enthalten sind, rate ich zum Wohle der Fische zur Verwendung eines Wasseraufbereitungsmittels.

4.4 Wenn Fische krank sind

Fische haben natürliche Abwehrkräfte und kommen bei guter Pflege in der Regel mit den ebenfalls im Aquarium vorkommenden Krankheitserregern und Parasiten zurecht. Stress (durch falschen oder zu hohen Fischbesatz, Umzug usw.), eine falsche Ernährung oder eine schlechte Wasserqualität (z. B. bei zu seltenem Wasserwechsel) kann die Tiere allerdings übermäßig belasten und zu einer Schwächung ihres Immunsystems führen. Daher sind ein passender Besatz, vitamin- und abwechslungsreiche Nahrung sowie regelmäßige Pflegearbeiten für die Prophylaxe äußerst wichtig.
Ist ein Fisch krank, muss als Erstes erkannt werden, was ihm fehlt. Dann können die nötigen Maßnahmen ergriffen werden. Die tabellarische Übersicht unten kann als kleine Hilfe zur Deutung verschiedener Symptome dienen.

Stimmen Temperatur oder Wasserwerte nicht oder liegt eine Vergiftung vor, so hilft oftmals ein Wasserwechsel.
Einige Fischkrankheiten können mit Medikamenten behandelt werden. Empfehlenswert ist es, einen kranken Fisch in ein separates Quarantänebecken zu setzen. Steht in der Schule keines zur Verfügung, so kann die Behandlung aber auch im Aquarium stattfinden. Dabei ist zu beachten, dass viele Arzneimittel Steine oder Dekorationsgegenstände leicht verfärben können. Diese sind gegebenenfalls bei einer Behandlung aus dem Aquarium zu entfernen. Im Zoofachhandel werden einige sehr wirkungsvolle Medikamente zur gezielten Behandlung von bestimmten Krankheiten angeboten. Bevor man jedoch diese speziellen Mittel einsetzt, sollte man sicher sein, dass man die Krankheit richtig erkannt hat. Das wird am Anfang vermutlich schwerfallen. Für den Fall, dass die Krankheit nicht genau identifiziert werden kann, gibt es auch Medikamente mit Breitbandwirkung. Eine gute Durchlüftung mit Sauerstoff unterstützt die Wirksamkeit.
Nach der Behandlung mit Medikamenten müssen unbedingt innerhalb einer Woche zwei Teilwasserwechsel zu je einem Drittel stattfinden, um die überschüssigen Medikamentenbestandteile wieder aus dem Wasser zu holen. Auch eine Filterung über Aktivkohle ist möglich. Eine kleine „Fischapotheke" (ich empfehle ein Medikament mit Breitbandwirkung) sollte immer vorrätig sein, da die Pfleglinge von heute auf morgen erkranken können. Je schneller man helfen kann, desto besser sind die Heilungschancen.

Häufige Krankheitszeichen und mögliche Ursachen (vgl. Scheurmann 1985, S. 86 f.)

Krankheitsanzeichen	Mögliche Ursachen
Schaukeln und Flossenklemmen	– Zeichen allgemeinen Unwohlseins – beginnende innere oder parasitäre Krankheit – Wasser zu kalt
Fressunlust	– Darmkrankheiten – Algenpilz *(Ichthyosporidium)* – Fischtuberkulose
Hocken am Boden	– Schwimmblasenentzündung – Fischtuberkulose
Taumeln, Kopfstehen	– Algenpilz *(Ichthyosporidium)* – Fischtuberkulose

Krankheitsanzeichen	Mögliche Ursachen
Luftschnappen	– Kiemenparasiten – Sauerstoffmangel – Ammoniak- oder Nitritvergiftung – Kiemenfäule
Scheuern	– äußere Parasiten – Säure- oder Laugenschäden
Umherschießen	– Parasiten – Entzündungen – Säure- oder Laugenschäden – zu heißes Wasser
Dunkle Färbung	– Algenpilz *(Ichthyosporidium)*
Rötung der Haut	– Säurekrankheit – Bauchwassersucht
Allgemeines Abblassen	– Sauerstoffmangel – Vergiftungen – Fischtuberkulose – Külle
Abmagerung	– Fischtuberkulose – andere innere Krankheiten
Aufgetriebener Leib	– Bauchwassersucht – Geschwülste
Vorgestülpter entzündeter After	– Darmentzündung – Bauchwassersucht
Glotzaugen	– Bauchwassersucht – Fischtuberkulose – Wasser zu schmutzig
Abstehende Kiemendeckel	– Kiemenparasiten – Schilddrüsengeschwulst – Sauerstoffmangel – Vergiftung
Rückgratverkrümmung, Missbildungen	– erbliche Krankheit – überstandene Fischtuberkulose
Flosseneinschmelzungen	– Fischtuberkulose
Bläulichweiße Trübung der Haut	– Hauttrüber (Parasiten wie *Costia, Chilodonella*) – Laugenkrankheit
Hautgeschwüre	– Bauchwassersucht – Fischtuberkulose
Weiße Pünktchen auf der Haut	– Weißpünktchenkrankheit *(Ichthyophthirius)* – Samtkrankheit *(Oodinium)*
Perl- oder himbeerartige Knötchen	– Knötchenkrankheit *(Lymphocystis)*

Einige Krankheiten sind nicht vollständig heilbar. So lässt sich bei Fischtuberkulose oft nur gegen die äußeren Symptome vorgehen. Ist ein Fisch nicht mehr zu retten, sollte er möglichst schnell und schmerzfrei getötet werden. Dies geht am besten mit einem Genickschnitt. Dabei wird der Kopf mit einer scharfen Schere vom übrigen Körper abgetrennt. Große oder gepanzerte Fische müssen vorher durch einen Schlag mit dem Hammer auf die Stirn betäubt werden. Natürlich sollte dieses Vorgehen mit den Schülern zuvor besprochen und ihnen erklärt werden, denn sie verkraften nicht immer ohne Weiteres die Tötung eines Tieres.

4.5 Schnecken

Es gibt unterschiedliche Arten von Schnecken, die in Süßwasseraquarien gehalten werden können. Manche sind sehr farbenprächtig. In der Regel lassen Schnecken nicht lange auf sich warten, da sie unbemerkt durch Pflanzen ins Becken eingetragen werden (Laich oder kleine Schnecken an Blättern). Sind die Schnecken erst einmal im Aquarium, so fressen sie unermüdlich Algenbeläge und Futterreste. Sie graben fleißig den Boden um und sind somit die „Regenwürmer des Aquariums“. Daneben dienen sie als Indikator für die Wasser- und Bodenqualität. Ziehen sie sich in ihr Haus zurück und liegen nur noch am Boden, befinden sich im Wasser vermutlich giftige Stoffe wie zum Beispiel Stickstoffabbauprodukte, Schwermetalle oder ungeeignete Kunststoffe. Turmdeckelschnecken zeigen sich selten tagsüber im Aquarium. Sollte dies doch einmal der Fall sein, ist dies ein Hinweis darauf, dass der Bodengrund fault.
Wenn sich die Schnecken sehr stark vermehren, können diese liebenswerten und schönen Tierchen auch zur Plage werden! Ursache hierfür ist oft ein Überangebot an Futter.
Am sinnvollsten ist es also, nur so viel zu füttern, wie die Fische in fünf Minuten gefressen haben (siehe 4.2). Somit bleibt dann nicht mehr allzu viel für die Schnecken übrig. Genügt diese Maßnahme nicht, rate ich zur biologischen Bekämpfung. Viele Fische lieben Schneckenfleisch, kommen jedoch wegen des harten Gehäuses nicht an die Tiere heran. Wenn Sie mit dem Finger die „Plagegeister“ zerdrücken, werden Sie feststellen, dass die Fische über dieses Frischfutter sehr erfreut sind. Ein regelmäßiges Absammeln ist eine weitere, allerdings etwas mühselige Art der Bekämpfung. Wenn Sie sich für die im Zoofachhandel erhältlichen Schneckenfallen entscheiden, sollten Sie unbedingt darauf achten, dass sich keine kleinen Jungfische im Aquarium befinden, da diese sonst ebenfalls darin ihren Tod finden.
Sehr zweifelhaft ist der Einsatz von Fischen, die imstande sind, das Schneckengehäuse zu knacken. Verkäufer raten häufig zum Einsatz von Schmerlen. Diese leben jedoch immer in Gruppen von mindestens sechs Tieren und benötigen aufgrund ihres Verhaltens und ihrer Endgröße ein Becken von mindestens 300 Liter Inhalt. Auch Kugelfische sind aufgrund ihrer Ansprüche und ihres teilweise aggressiven Verhaltens nicht für die Schneckenbekämpfung im Schulaquarium geeignet.
In den Regalen der Zoofachgeschäfte sind unterschiedlichste Mittelchen gegen Schnecken zu finden. Vor der „chemischen Keule“ kann ich nur warnen. Sie stellt immer einen Eingriff in die Wasserchemie dar. Pflanzen, Fische und Wirbellose können darunter leiden und unter Umständen auch daran sterben. Der beste Tipp bei einer Schneckenplage: Weniger füttern!

Zusammenfassung:

Schnecken
- Schnecken wirken sich positiv auf das Aquarienmilieu aus.
- Bei einer Schneckenplage sollte man die Fische weniger füttern, die Schnecken zerdrücken und an die Fische verfüttern oder absammeln.

4.6 Algen

In jedem Aquarium treten über kurz oder lang Algen auf. Sie dienen als Nahrungsgrundlage für viele Fische, Schnecken und Garnelen. Doch manchmal breiten sie sich rasend schnell aus und werden zur Plage. Hierfür gibt es mehrere mögliche Ursachen.
Ist die Konzentration des Phosphats und/oder der Stickstoffverbindungen (Ammoniak/Ammonium, Nitrit, Nitrat) zu hoch (siehe 4.3), assimilieren die Aquarienpflanzen nur noch wenig und stellen ihr Wachstum ein. Dies kann auch passieren, wenn der Kohlendioxidgehalt des Wassers zu niedrig ist oder wenn die Pflanzen zu wenig Licht bekommen. In diesen Fällen bleiben umso mehr Nährstoffe für die Algen übrig, was zu einem verstärkten Wuchs führt.

Hier ein paar Tipps gegen Algen:
- wöchentlicher Wasserwechsel von 20–30 %
- Filter in regelmäßigen Abständen reinigen
- Leuchtstoffröhren mit Algenlöchern verwenden (siehe 2.1)
- bei der Beleuchtung eine Mittagspause einplanen (siehe 2.2)
- nach spätestens einem Jahr die Leuchtstoffröhren wechseln, da die Lichtintensität stark nachlässt
- Reflektoren verwenden, um eine höhere Lichtausbeute zu erzielen
- Aquarienbesetzung: Algenfressende Fische (z. B. Guppy, Platy, Black Molly, Schwertträger, Blauer Antennenwels), Zwerggarnelen (z. B. Red Fire Garnele, Amano Garnele)
- Wasserhärte senken, z. B. durch die Verwendung einer CO_2- Anlage (siehe 5.2)

4.7 Das Klassenaquarium am Wochenende und in den Ferien

Von verantwortungsvollen Lehrkräften wird oft die berechtigte Frage gestellt, was denn mit dem Klassenaquarium und seinen Pfleglingen am Wochenende und in den Ferien passiert. Werden Fische während der Schulzeit regelmäßig gefüttert, können sie durchaus zwei bis drei Tage ohne Futter auskommen. Auch in der Natur kommen solche „Fastentage" immer wieder vor. Sogar eine Woche Ferien überstehen die Fische gut. Aufwuchsfressende Fische (z. B. Guppy, Black Molly) entdecken die im Aquarium befindlichen Algen wieder für sich und verspeisen diese.
Für die zweiwöchigen Ferien kann im Zoofachhandel sogenanntes Ferienfutter gekauft werden. Dieses Futter wird am letzten Schultag ins Aquarium gegeben und hält ungefähr sieben Tage, dann sollte erneut gefüttert werden.
Anders verhält es sich mit den sechs Wochen Sommerferien. Hier eignet sich am besten ein Futterautomat, der über dem Aquarium angebracht wird (siehe 2.2). Lehrkräfte, die auch während der Ferienzeit gelegentlich in die Schule kommen, können diese Zeit natürlich mit normalen Futtergaben und Ferienfutter (mindestens einmal pro Woche) überbrücken. Von einem Umsetzen der Fische in ein Heimaquarium für die Dauer der Ferien rate ich ab. Oft überleben einige Fische den Stress und die Umstellung nicht.
Vor jeden Ferien ist unbedingt die Technik auf ihre korrekte Funktionsfähigkeit hin zu überprüfen. Ein sauberer Filter und ein Teilwasserwechsel garantieren auch den Aquarienbewohnern schöne Tage!

5. Aquarienzubehör mit den Schülern selbst bauen

Alle Teile für ein Aquarium können gekauft werden. Preisgünstiger und für die Schüler wesentlich spannender ist es jedoch, einige Utensilien selbst herzustellen. Es empfiehlt sich hierbei das Arbeiten in einer Kleingruppe von interessierten Schülern.

5.1 Hamburger Mattenfilter

Der Hamburger Mattenfilter baut mithilfe von Bakterien die Abfallstoffe im Aquarium ab (biologische Filterung). Er ist mit geringem Aufwand und wenigen Hilfsmitteln leicht zu bauen und hat eine Standzeit von mehreren Jahren.

Benötigte Materialien:

- Filtermatte (Breite und Höhe des Aquariums, Dicke mindestens 2 cm)
- Plastikröhrchen mit einem Durchmesser von mindestens 2 cm und einer Länge, die der Breite des Aquariums entspricht
- Pumpe mit Saugnäpfen (Beckeninhalt sollte ein- bis zweimal pro Stunde durch den Filter gepumpt werden)
- Ausströmrohr für die Pumpe

Benötigtes Werkzeug:

- Messer
- kleine Säge

Herstellung des Hamburger Mattenfilters:

Die Filtermatte wird so zurechtgeschnitten, dass sie senkrecht in etwa 2 cm Abstand zur Seitenscheibe aufgestellt werden kann. Dieser Abstand kann entweder durch ein Plastikrohr (evtl. die Länge mit der Säge an die Breite des Beckens anpassen) erreicht werden, das zwischen die Seitenscheibe und die Filtermatte gelegt wird (siehe Abbildung), oder es werden Abstandhalter (ggf. auch aus Filtermatte) hinten an die Filtermatte geklebt. Die Matte muss mindestens 2 cm dick sein, da in den ersten beiden Zentimetern der hauptsächliche Abbau der Abfallprodukte stattfindet. Der Abstand von 2 cm zur Seitenscheibe ist ebenfalls wichtig, weil sonst nur Teilbereiche der Matte durchströmt werden. Am oberen Beckenrand wird mit Saugnäpfen die Pumpe hinter dem Filter befestigt. Mit dem Messer schneidet man einen kleinen Schlitz, durch den das Ausströmrohr geführt wird. Nun kann der Kies vor dem Filter vorsichtig eingebracht und anschließend das Aquarium mit Wasser gefüllt werden.

Eine Pflege des Filters ist nicht notwendig. Es genügt, wenn man grobe Schmutzstoffe beim Wasserwechsel an der Frontseite absaugt und den Mulm, der sich mit der Zeit hinter dem Filter ansammelt, entfernt. Sinkt nach einigen Jahren der Wasserspiegel hinter der Filtermatte oder sind innere Auflösungserscheinungen an der Filtermatte zu beobachten, so ist diese auszuwaschen oder zu entsorgen.

Mit einem Hamburger Mattenfilter sparen sich die Schüler über Jahre das mühsame Filterauswaschen. Dieser Filter ist sowohl für kleine als auch für große Aquarien geeignet und zudem relativ preiswert herzustellen.

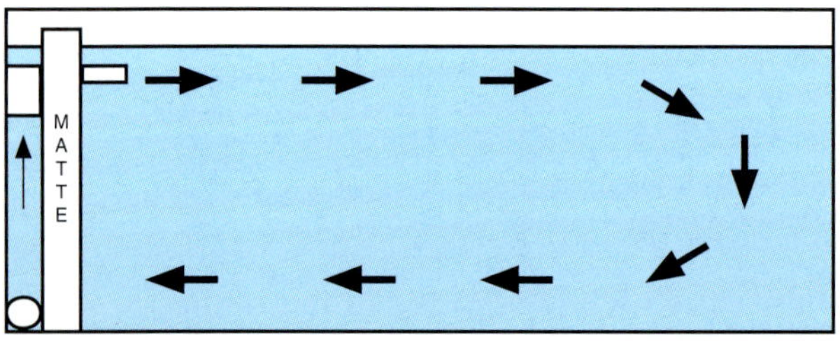

Frontalansicht auf das Aquarium mit einem Hamburger Mattenfilter (oben links: Pumpe; unten links: Plastikrohr)

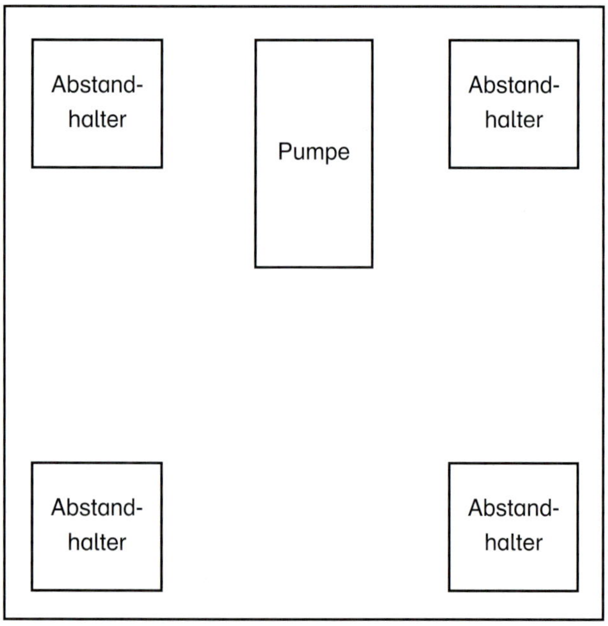

Alternativ kann der Abstand zwischen Seitenscheibe und Matte auch durch 2 cm dicke Abstandshalter aus Filtermattenmaterial erreicht werden. Man klebt sie mit Aquariumsilikon einfach hinten auf die Filtermatte.

5.2 Bio-CO_2-Anlage

Pflanzen benötigen neben verschiedenen Nährstoffen auch Kohlenstoffdioxid (CO_2), das wiederum von den Fischen bei der Atmung produziert wird. Viele Aquarienpflanzen sind mit der von den Fischen bereitgestellten CO_2-Menge ausreichend versorgt. Möchte man jedoch anspruchsvollere Pflanzen einsetzen oder einen besonders üppigen Bewuchs haben, kann man den CO_2-Gehalt gezielt erhöhen. Die dafür im Handel erhältlichen CO_2-Geräte sind teuer. Für weniger Geld werden auch Bio-CO_2-Anlagen angeboten, bei denen durch alkoholische Gärung Kohlenstoffdioxid produziert und dem Wasser zugeführt wird. Solche Anlagen lassen sich auch leicht selbst bauen. Die folgende Bauanleitung gilt für ein Aquarium mit 160–200 Liter Inhalt. Für kleinere oder größere Becken müssen die Wasser- und Zuckermengen reduziert bzw. vergrößert werden.

Benötigte Materialien:

- 2 handelsübliche 1,5-Liter-PET-Flaschen (keine Glasflaschen, da diese bei Überdruck platzen können!)
- Aquarienschlauch (Länge je nach Aufstellungsort der Flaschen und Höhe des Aquariums: ca. 1,5–2 Meter; 4 oder 6 mm Durchmesser)
- Ausströmstein
- 2 Rückschlagventile (4 oder 6 mm Durchmesser)
- Zucker (300 g)
- Trockenhefe ($^1/_2$ Teelöffel)
- 900 ml lauwarmes Wasser

Benötigtes Werkzeug:

- Heißklebepistole
- Schere

Herstellung der Bio-CO_2-Anlage:

In den Schraubverschluss der ersten Flasche wird mit einer spitzen Schere ein Loch gebohrt. Dort steckt man einen ca. 50 cm langen Aquarienschlauch so hinein, dass er 1 cm in die Flasche reicht. Nun wird er mithilfe der Heißklebepistole von innen und außen fixiert und das Loch geschlossen. Achten Sie darauf, dass vom Kleber nichts in das Verschlussgewinde fließt, da sich sonst die Flasche anschließend nicht mehr dicht verschließen lässt.

Beim Gärprozess bildet sich ein alkoholischer Schaum, der nicht in das Aquarienwasser gelangen darf. Daher wird eine zweite (Wasch-)Flasche zwischengeschaltet. Hier wird wieder ein Loch in den Schraubverschluss gebohrt, in dem zwei Schläuche Platz finden. Den bereits verwendeten Aquarienschlauch zieht man so weit durch diese Öffnung, dass er beinahe den Boden der Waschflasche erreicht. Der zweite Schlauch darf nur 1 cm durch den Schraubverschluss in die Flasche ragen. Nun werden beide Schläuche mit der Heißklebepistole von innen und außen am Schraubverschluss fixiert und das Loch geschlossen.

Der zweite Aquarienschlauch muss mit einem Rückschlagventil versehen werden, damit sich bei einer Fehlfunktion das Aquarium nicht in das Klassenzimmer entleert. Auch zwischen den beiden PET-Flaschen ist ein Rückschlagventil sinnvoll. Das Ende des Schlauches wird mit einem Ausströmstein versehen und möglichst weit unten im Aquarium angebracht.

Die Waschflasche wird zur Hälfte mit Wasser gefüllt und verschlossen. Drehen Sie beim Verschließen immer die Flasche, nicht den Schraubverschluss, da sich sonst die Klebung lösen könnte und die Schläuche sich verdrehen würden. In die erste Flasche werden 900 ml lauwarmes Wasser, 300 g Zucker und $^1/_2$ Teelöffel Trockenhefe gegeben. Anschließend wird alles gut durchgeschüttelt und die Flasche wieder verschlossen.

Nun beginnt der Gärprozess. Nach einigen Stunden verlassen die ersten CO_2 Blasen den Ausströmer. Die chemische Reaktion läuft zu Beginn sehr heftig ab, nach einigen Tagen ist sie schon schwächer. Nach drei bis vier Wochen sollte die alte Mischung weggeschüttet und eine neue angesetzt werden. Ist die Anlage einmal installiert, sollte sie auch regelmäßig betrieben

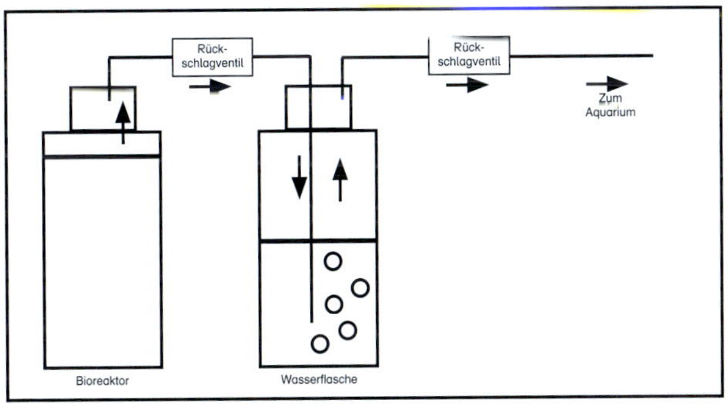

Mit einer Bio-CO_2-Anlage kann der CO_2-Gehalt erhöht werden.

werden, damit sich die Pflanzen und Fische nicht ständig auf unterschiedliche Wasserwerte einstellen müssen.
Durch die Zufuhr von Kohlenstoffdioxid ändert sich der pH-Wert etwas. (Er senkt sich leicht ab.) Dies sollte beim Fischbesatz bedacht werden. Zudem ist es ratsam, den CO_2-Wert durch einen CO_2-Langzeittest im Auge zu behalten. Er sollte zwischen 10 und 60 mg/l liegen.
Für kleinere Aquarien können kleinere Flaschen, bei größeren Aquarien auch Plastikkanister verwendet werden. Die Mischung des Gäransatzes muss angepasst werden. Für ein Aquarium mit 100 Liter Inhalt benötigt man nur die halbe Wasser- und Zuckermenge (450 ml lauwarmes Wasser und 150 g Zucker). Die Trockenhefemenge sollte nicht verändert werden. Wichtig ist in jedem Fall: CO_2-Gehalt in der Anfangsphase regelmäßig messen!

Oben: *Praktisches Tätigwerden zur Rhythmisierung eines oft kognitivlastigen Unterrichts bereitet den Schülern Freude und motiviert.*

Rechts oben: Düngekugeln verbessern den ausgelaugten Bodengrund des Aquariums.

Rechts unten: Ein Schüler düngt mit Tonkugeln den Aquarienboden nach.

5.3 Düngekugeln aus Ton

Nach ein bis zwei Jahren ist der beim Einrichten des Beckens eingebrachte Bodengrund verbraucht und das Pflanzenwachstum nimmt ab. Wenn man mit Flüssigdünger für Aquarienpflanzen nachdüngt, erreicht man jedoch nur die Pflanzen, deren Wurzeln ins freie Wasser hineinragen. Alle rein bodenwurzelnden Pflanzen bekommen davon nur wenig ab. An dieser Stelle helfen Tonkugeln.
Wird in Kunsterziehung gerade mit Ton gearbeitet, können die Schüler aus den Tonresten leicht Düngekugeln für das Klassenaquarium herstellen, die noch dazu über Jahre haltbar sind. Hierzu rollen sie eine Wurst mit einem Durchmesser von ca. 1 cm, schneiden diese in Stücke von 1–2 cm Länge und formen daraus kleine Kugeln. Diese müssen einen Tag trocknen und können dann direkt an die Wurzeln der Pflanzen gesteckt werden. Der unbehandelte Ton enthält genügend Nährstoffe zum Düngen von Aquarienpflanzen.

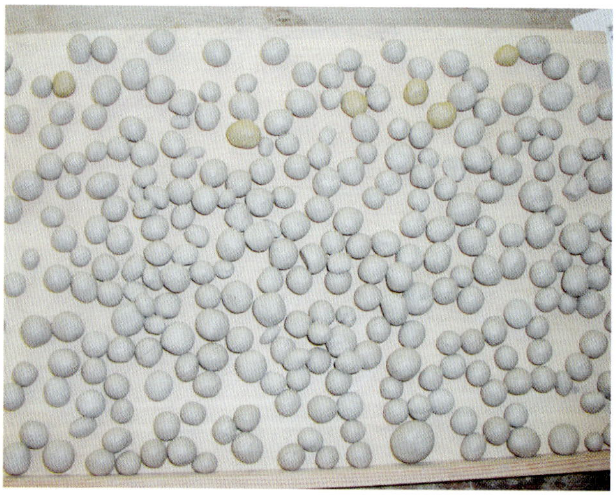

5.4 Einrichtungsgegenstände aus Ton

In Kunsterziehung lassen sich mit der ganzen Klasse Einrichtungsgegenstände aus Ton herstellen. So können die Schüler Höhlen (z. B. zum Ablaichen von Welsen, als Unterstand für Schmerlen bei sehr großen Becken) oder verschiedene Dekorationsgegenstände töpfern. Anregungen kann man sich in jedem Aquaristikladen holen. Im Gegensatz zu den Tonkugeln zur Düngung müssen die getöpferten Einrichtungsgegenstände unbedingt gebrannt werden. Natürlich können nicht alle in der Klasse hergestellten Teile gleichzeitig ins Aquarium eingebracht werden. Damit möglichst viele Kunstwerke zum Einsatz kommen, kann beispielsweise nach jeden Ferien neu dekoriert werden. Von einem häufigeren Wechsel rate ich ab, da dies für die Fische Stress bedeuten würde.

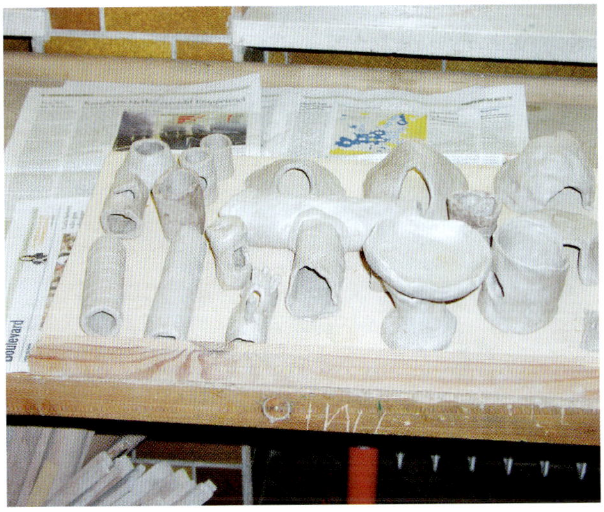

Oben: Die getöpferten Einrichtungsgegenstände müssen im Ofen gebrannt werden.

Links: Das Herstellen von Einrichtungsgegenständen aus Ton für das Aquarium macht den Schülern großen Spaß.

Hier erkläre ich gerade einigen Schülerinnen und Schülern das Vorgehen bei der Erstellung von Tongegenständen.

Pflegearbeiten-Protokoll für das Klassenaquarium

für den Monat: ______________________

Woche (KW): ______	Fütterung	Technik (Heizung, Temperatur, Filterung)	Fische gesund?	Anmerkungen
Montag				
Dienstag				
Mittwoch				
Donnerstag				
Freitag				

Wasserwechsel am: ______________ Zeitschaltuhrkontrolle am: ______________

Woche (KW): ______	Fütterung	Technik (Heizung, Temperatur, Filterung)	Fische gesund?	Anmerkungen
Montag				
Dienstag				
Mittwoch				
Donnerstag				
Freitag				

Wasserwechsel am: ______________ Zeitschaltuhrkontrolle am: ______________

Woche (KW): ______	Fütterung	Technik (Heizung, Temperatur, Filterung)	Fische gesund?	Anmerkungen
Montag				
Dienstag				
Mittwoch				
Donnerstag				
Freitag				

Wasserwechsel am: ______ Zeitschaltuhrkontrolle am: ______

Woche (KW): ______	Fütterung	Technik (Heizung, Temperatur, Filterung)	Fische gesund?	Anmerkungen
Montag				
Dienstag				
Mittwoch				
Donnerstag				
Freitag				

Wasserwechsel am: ______ Zeitschaltuhrkontrolle am: ______

Monats-Check ausgeführt am: ______

- Pflanzenbestände auslichten
- Algen entfernen
- ggf. Innenfilter reinigen
- ggf. Flüssigdünger zugeben

Fütterungsprotokoll für das Klassenaquarium

Datum	Uhrzeit	Futtertyp und -menge

Übersicht Aquarien-Wasserwerte

Wasserbestandteil	Sollwert	Wert erhöhen	Wert senken
Ammoniak (NH_3)	bis 0,02 mg/l	nicht erwünscht	Teilwasserwechsel
Nitrit (NO_2)	ab 1 mg/l schädlich ab 15 mg/l hoch giftig	nicht erwünscht	Teilwasserwechsel
Nitrat (NO_3)	bis 150 mg/l	nicht erwünscht	Teilwasserwechsel (mit unbelastetem Frischwasser)
Kupfer (Cu)	0,0 mg/l kurzzeitig bis 0,3 mg/l	nicht erwünscht	Teilwasserwechsel (mit unbelastetem Frischwasser)
Eisen (Fe)	0,03–0,10 mg/l für guten Pflanzenwuchs ab 1 mg/l schädlich	Eisenflüssigdünger oder Aquarienpflanzendünger	Teilwasserwechsel
Gesamthärte (gH)	weiches Wasser: 0–10 °dGH mittelhartes Wasser: 11–20 °dGH hartes Wasser: über 20 °dGH Die Gesamthärte muss zu den gehaltenen Fischen passen!	möglich, jedoch kompliziert: siehe weiterführende Literatur	möglich, jedoch kompliziert: siehe weiterführende Literatur
Phosphat (PO_4)	0,02–0,5 mg/l	nicht erwünscht	Teilwasserwechsel
pH-Wert	Der pH-Wert muss zu den gehaltenen Fischen passen! Werte für Fischhaltung: 5,5–9	möglich, jedoch kompliziert: siehe weiterführende Literatur	möglich, jedoch kompliziert: siehe weiterführende Literatur
Carbonathärte (kH)	3–12 °dKH	möglich, jedoch kompliziert: siehe weiterführende Literatur	möglich, jedoch kompliziert: siehe weiterführende Literatur

Wasserwerteprotokoll für das Klassenaquarium

Datum	Ammoniak (NH_3)	Nitrit (NO_2)	Nitrat (NO_3)	Kupfer (Cu)	Eisen (Fe)	Gesamthärte (gH)	Phosphat (PO_4)	pH-Wert	Karbonathärte kH

Literaturtipps für Einsteiger und Fortgeschrittene

Für Einsteiger:

Mayland, Hans J. (2003): Süßwasser Aquarium. Bassermann Verlag.
Schliewen, Ulrich (2003): Aquarienfische von A bis Z. Gräfe und Unzer.

Für Fortgeschrittene:

Aquarien Atlas. Band 1 – 6. Mergus Verlag.
Kasselmann, Christel ([2]1999): Aquarienpflanzen. Ulmer.
Krause, Hanns-J.([4]2004): Handbuch Aquarientechnik. bede-Verlag.
Krause, Hanns-J. ([6]1998): Handbuch Aquarienwasser. bede-Verlag.

Literaturverzeichnis

Autorenteam Seminarleiter HS Oberbayern (Hrsg.) (2005): Das Seminarbuch für den Unterricht an der Hauptschule. Band 1.

Baensch, Hans; Riehl, Rüdiger (⁹2004): Aquarien Atlas. Band 2. Melle: Mergus.

Bühlmann, Erich u. a. (2006): Keimzahlbelastung im Aquarium. In: Datz. Die Aquarien- und Terrarienzeitschrift. Stuttgart: Ulmer, Heft 5, 66–68.

Deters, Olaf: Aquaristik ohne Geheimnisse. Hamburger Mattenfilter. Gefunden unter: www.deters-ing.de/Filtertechnik/Mattenfilter.htm [Stand: 03.09.2008].

Ebert, Klaus (2001): Die Kugelfische des Süß- und Brackwassers. Rodgau: Aqualog.

Geck, Jakob (2006): Nano-Aquarien eignen sich auch für Süßwassertiere! In: Datz. Die Aquarien- und Terrarienzeitschrift. Stuttgart: Ulmer, Heft 9, 28–33.

Gernhard, Klaus; Schmidt, Jürgen (²2001): Prachtschmerlen. Ruhmannsfelden: bede.

Gold, Volker u.a. (2000): Pädagogische Psychologie für die Studienseminare an Realschulen in Bayern. Akademiebericht 338. Akademie für Lehrerfortbildung und Personalführung Dillingen. Dillingen.

Gonella, Hans; Lamboj, Anton (1999): Zwergcichliden. Ruhmannsfelden: bede.

Hieronimus, Harro (¹⁵2006): Guppy, Platy, Molly. München: Gräfe und Unzer.

Kasselmann, Christel (²1999): Aquarienpflanzen. Stuttgart (Hohenheim): Ulmer.

Konings, Ad (²2003): Das Back to Nature Handbuch für Malawibuntbarsche. Ettlingen: Dähne.

Krause, Hanns-J. (³1997): Handbuch Aquarientechnik. Ruhmannsfelden: bede.

Krause, Hanns-J. (⁵1998): Handbuch Aquarienwasser. Ruhmannsfelden: bede.

Mayland, Hans J. (2003): Süßwasser Aquarium. München: Bassermann.

Maiß Verlag (Hrsg.) (2004): Lehrplan für die bayerische Hauptschule. München: Maiß.

Rahm, Sibylle (2005): Einführung in die Schulentwicklung. Weinheim und Basel: Beltz.

Riehl, Rüdiger; Baensch, Hans A. (¹⁵2006): Aquarien Atlas. Band 1. Melle: Mergus.

Schaefer, Claus (2006): Das 60-Zentimeter-Aquarium. In: Aquarien-Praxis. Stuttgart: Ulmer, Heft 9, 10–12.

Scheurmann, Ines (1985): Das GU Aquarienbuch. München: Gräfe und Unzer.

Schliewen, Ulrich (⁴2006): Aquarienfische von A bis Z. München: Gräfe und Unzer.

Schneidewind, Frank (2000): Malawiseecichlidenzucht. Ruhmannsfelden: bede.

Seidel, Ingo; Evers, Hans-Georg (2005): Wels Atlas. Band 2. Melle: Mergus.

Sterba, Günther (1996): Süsswasserfische der Welt. Augsburg: Weltbild.

Walther, Ingo (Hg.) (2000): Kunst des 20. Jahrhunderts. Taschen Verlag.

BRIGG Pädagogik VERLAG

Der neue Pädagogik-Fachverlag für Lehrer/-innen

Materialien zur Methodenkompetenz und Persönlichkeitsstärkung!

BRIGG Pädagogik VERLAG

Renate Potzmann

Methodenkompetenz und Lernorganisation

Planvolles Lernen und Arbeiten in der Schule und zu Hause

140 S., DIN A4,
Kopiervorlagen
Best.-Nr. 263

Fächerunabhängiges Programm zum Erwerb von **Lernkompetenz**. Mit zahlreichen, in sich abgeschlossenen Trainingsvorlagen und Übungen zu Lernorganisation, Informationsbeschaffung, -aufbereitung und vorarbeitung, Arbeits-, Zeit- und Lernplanung.

Jochen Korte

Höflich währt am längsten!

Gezielte Schulaktionen zur nachhaltigen Verbesserung der Sozialkompetenz

128 S., DIN A4
Ideen für die Praxis
Best.-Nr. 387

Gegenwirken statt gewähren lassen! Dieser Band liefert außergewöhnliche, aber höchst effektive Vorschläge für **Projekte und Schulaktionen**, um das Verhalten der Schüler/-innen zu verbessern und in gewünschter Weise zu steuern.

Christa Koppensteiner

Wie Lernen funktioniert

Strategien und Methoden zum besseren Lernen

208 S., DIN A4,
Kopiervorlagen mit Lösungen
Best.-Nr. 264

89 Lerntipps und erprobte Kopiervorlagen helfen Ihnen, erfolgreich auf individuelle Lernprobleme Ihrer Schüler/-innen zu reagieren. Die Jugendlichen erfahren, wie man schwierige Texte verständlich aufbereitet oder wie man sich möglichst viele Informationen merkt.

Die Themen:

- Motivation
- Prüfungsvorbereitung und Prüfungsangst
- Gestaltung von Hefteinträgen
- Steigerung der Merkfähigkeit

u. v. m.

Eva Maria Waibel

Erziehung zum Selbstwert

Persönlichkeitsförderung als zentrales pädagogisches Anliegen

276 S., kart.
Best.-Nr. 452

Eine umfassende Darstellung zur Persönlichkeitsentfaltung!
Die Tradition der Werte ist verloren gegangen, Wertepluralismus und Wertewandel werden beklagt. Die Stärkung der Persönlichkeit, die Erziehung zum Selbstwert wird deshalb in einer Zeit weitreichender Orientierungslosigkeit zu einer wichtigen gesellschaftlichen und pädagogischen Aufgabe.
Dieser Band zeigt theoretische und praktische Möglichkeiten der pädagogischen Umsetzung und diskutiert die Konsequenzen für Erziehung, Unterricht und Lehrerbildung ausführlich.

Weitere Infos, Leseproben und Inhaltsverzeichnisse unter
www.brigg-paedagogik.de

Bestellcoupon

Ja, bitte senden Sie mir / uns mit Rechnung

____Expl. Best.-Nr. ____________________

____Expl. Best.-Nr. ____________________

____Expl. Best.-Nr. ____________________

____Expl. Best.-Nr. ____________________

Meine Anschrift lautet:

Name / Vorname

Straße

PLZ / Ort

E-Mail

Datum/Unterschrift Telefon (für Rückfragen)

Bitte kopieren und einsenden/faxen an:

Brigg Pädagogik Verlag GmbH
zu Hd. Herrn Franz-Josef Büchler
Zusamstr. 5
86165 Augsburg

☐ Ja, bitte schicken Sie mir Ihren Gesamtkatalog zu.

Bequem bestellen per Telefon / Fax:
Tel.: 0821 / 45 54 94-17
Fax: 0821 / 45 54 94-19
Online: www.brigg-paedagogik.de